突破

WHY 挖掘情绪触点满足客户需求

CUSTOMERS REALLY BUY

Uncovering the Emotional Triggers That Drive Sales

［美］琳达·古德曼(Linda Goodman) ［美］米歇尔·赫林(Michelle Helin)◎著

杨献军◎译

 中国友谊出版公司

图书在版编目（CIP）数据

突破：挖掘情绪触点满足客户需求 /（美）琳达·古德曼，（美）米歇尔·赫林著；杨献军译. -- 北京：中国友谊出版公司，2018.4

书名原文：Why Customers Really Buy: Uncovering the Emotional Triggers That Drive Sales

ISBN 978-7-5057-4250-5

Ⅰ.①突… Ⅱ.①琳… ②米… ③杨… Ⅲ.①企业管理-销售管理 Ⅳ.①F274

中国版本图书馆 CIP 数据核字(2017)第 313915 号

著作权合同登记　图字：01-2017-8071

Why Customers Really Buy © 2009 by Linda Goodman and Michelle Helin. Original English language edition published by The Career Press, Inc., 12 Parish Drive, Wayne, NJ 07470, USA. Simplified Chinese rights arranged through CA-LINK International LLC (www.ca-link.com)
All rights reserved.

书名	突破：挖掘情绪触点满足客户需求
作者	［美］琳达·古德曼　［美］米歇尔·赫林
译者	杨献军
出版	中国友谊出版公司
发行	中国友谊出版公司
经销	新华书店
印刷	北京市兆成印刷有限责任公司
规格	710×1000 毫米　16 开 14 印张　200 千字
版次	2018 年 4 月第 1 版
印次	2018 年 4 月第 1 次印刷
书号	ISBN 978-7-5057-4250-5
定价	49.00 元
地址	北京市朝阳区西坝河南里 17 号楼
邮编	100028
电话	(010)64668676

前言

事实与真相之间并无多大关系。

——威廉·福克纳

客户的购物行为动机很少合乎逻辑、可以预料，甚至也很少是有意识的。相反，他们做出的最强烈反响只有一个依据：情绪。商界一直在抵触这个看似简单的现实情况，倒是偏重于对顾客行为进行可量化的解释。无论顾客、消费者还是各类公司，他们都是人，而人又是有情绪的。尽管有时人们要摆出一副伪装的姿态，但各种决定总是受到情绪的影响。只要承认这种情绪上的动力，就会改变各类公司理解看待顾客的方式和决策方式，也会改变他们寻求明确信息的方式。

这是一个棘手的问题。究竟什么是获得明确信息的最佳方式？当我们开始考虑这个问题时，我们就认识到获得信息的方法同经常收集到误导信息之间的关系。各种研究一般都是单向度的，其目的是收集一系列事实。然而由于汇编事实的方式各有不同，有可能产生相互矛盾的解释。这种研究过程中缺失的一环便是洞察力。

我们将洞察力定义为技术上的准确性，同真实性、启发性不同，它是驱动解决问题诸种决策的引擎。不可否认的是，洞察力已经成为研究工作中的时髦词语。以洞察力为主题的文章专著比比皆是，演讲中频频提到洞察力，大学里还开设有讲解洞察力的课程，甚至许多公司市场销售人员的头衔中也包含有洞察力这个词语，但是如果把研究的发现结果称为洞察力却有失偏颇。

洞察力的内涵远比发现结果丰富。发现结果是直截了当的答案，而洞察力则反映对一个问题更为深入细致的认识理解，明确揭示出驱动顾客行为的各种情绪触点。洞察力来源于发现各种情绪触点与最终行动之间的内在联系。

情绪触点是能够引起强烈感情的任何事情，无论真实的还是想象的。这些感情往往成为顾客以某种方式采取行动，或者拥有一些坚定信念的原因。揭示出情绪触点同行动之间的联系，就可以使各类公司透过顾客的言语表面，探询其更深层的真实意图。一旦理解到位，他们就会处于更加有利的地位，采取有效措施，提高产品销量与服务质量。

因此，我们对研究一直很感兴趣。在我们的整个职业生涯中，研究是一种非常重要的手段。我们认真地运用这种手段获取准确的测量结果，验证确认数据，获得反馈信息，更好地理解某个特定项目。我们意识到不同类型的研究为不同目的服务，但遗憾的是，研究结果常常无效，因为采用的研究方法不适合研究目标。

许多用于测量而非揭示实情的传统方法均已过时，只能产生适得其反的效果。这种情况在我们试图剖析复杂问题时变得尤为明显。作为行政主管，我们对数字测量结果早已感到满意，但是这种统计结果并不会明显地体现出真知灼见。如果数字的意义不明，就无法确定合适的整体解决方案。即使传统的定性研究方法也只不过是验证一些先入为主的假设而已。这样的研究方法要回答的问题是"我们如何才能销售更多的产品或服务"，但是首要的问题应该是："我的顾客需要什么样的产品或服务？"

我们承认传统研究方法可能具有误导作用，于是便开始探寻可用于剖析复杂问题的其他替代方法。正是在那个时候，我们开始认可情绪触点及其相关研究的重要性。与传统研究方法不同，情绪触点研究是一种间接式研究方法，通过提出一些意想不到可以引发深思的问题，通过充满富有洞察力的倾听和有深度的交谈来消除顾客的戒备心理。

我们在寻找剖析复杂问题的更为有效的方法时，首先对我们过去委托开展过的定性和定量研究方法进行了评估。我们想知道每一种最常用的方法如何成了发现真相的障碍。但是如果我们不揭示可以说明顾客行为的各种真实原因，就有可能做出错误的决策。正是这一点成为我们重新思考数据收集方法的强大推动力。

本书与读者一起分享我们所发现的情绪洞察力所具有的巨大影响，讲述我们如何运用这种知识去帮助改造各类公司。

纵观历史，领导者总是依靠相关信息得出结论、作出决策。但是他们凭直觉意识到仅仅掌握一些事实还不够。所以他们又以洞察力对事实进行补充。为此，他们要动用可以用得上的一切，包括个人经验、集体智慧、谈判代表、二手报告、各种文件甚至各种谣传，作为重大转型决策的依据。

人们一直在平衡运用定量与定性研究方法获得知识。近年来，高级研究技术、全球通信技术以及互联网的崛起应用，使我们又有了更多机会获得各种确凿事实。在这种情况下，我们由原来依靠必须解释的信息转而依靠可以测量的信息。随着可定量的信息取得优势地位，它已成为采取或策划行动合理化的必要条件。事实本身简直成了普遍认可的接受理由。在这个过程中，定性的或称"情绪性"的数据经常遭到轻视。

但是我们认为，情绪性的数据不仅仅是一种有价值的工具，它经常发挥着关键作用。技术上的准确性有时并不能保证提供真实明确的信息。因此，在我们努力探悉事实真相的时候，还要把情绪性的数据公开，使其获得应有的地位。

目录 CONTENTS

第一部分　发现情绪的力量

第 1 章　情绪的力量／3

第 2 章　情绪触点研究——运用间接方法取胜／15

第 3 章　定量研究 VS 定性研究／34

第二部分　在销售中应用情绪触点

第 4 章　刺激销售：破解销售不旺的谜团／57

第 5 章　赢得新客户：彻底改变销售团队／65

第 6 章　开发新商机：从现有客户那里赢得更多的生意／74

第 7 章　探索变化根源：成功向目标人才推销公司／84

第三部分 在营销中应用情绪触点

第 8 章　打造品牌：启动扩展新项目 / 99

第 9 章　重新定位公司：同业内巨头共生存 / 108

第 10 章　开创新生意：打造风靡全国的产业 / 120

第 11 章　说服捐助者：增加捐款数额 / 131

第 12 章　调整业务方向：拯救新近整合的公司 / 142

第四部分 在客户关系中应用情绪触点

第 13 章　衡量客户满意度：留住大客户 / 157

第 14 章　在危机中寻找转机：为公司留住生意合作者 / 166

第 15 章　澄清混杂信息：改善垄断行业中的客户关系 / 179

第五部分 整合情绪逻辑

第 16 章　挑战遍布各个角落 / 193

第 17 章　未来的发展 / 207

Why Customers Really Buy

第一部分
发现情绪的力量

第1章
情绪的力量

假如……该多好……

> 同别人交往时要记住：你不是同逻辑动物交往，而是同有情绪的人交往。
>
> ——戴尔·卡耐基

你在努力解决一个复杂的业务问题时，究竟多少次这样想过：假如一切都是黑白分明，你的生活就变得简单多了？假如没有任何灰色区域呢？假如我们生活在一个绝对化的世界里，没有任何"假如"、"并且"或"但是"等不确定因素，顾客直言不讳，心口一致，那又会是怎样一个情景呢？假如从一个直截了当的问题中总会得出一个正确的解决方案，那该多好。但是我们生活的商业世界绝非如此，反倒是非常复杂微妙，经常令人感到困惑。虽然反面证据日益增加，但是我们许多人仍然相信只要可以测量，就可以解决复杂的问题。在探究事实真相时，我们往往重视那些可用统计数据加以验证的答案。因为这样的答案给我们一种安全感，因其内容具体，毫不含糊。要是可用统计数据加以验证的答案总是正确答案，从中可以获得一种正确的解决方案该有多好。

真实世界

多么希望上述的美梦成真。在面临许多不甚明了的问题时，反复去寻找明确的答案是一种徒劳无益的行为。这样做曾经屡次失败过，未能获得有关顾客行为的有意义的洞察。必须寻找更佳途径。幸运的是，我们的确找到了更佳途径：情绪触点研究。与传统方法不同，情绪触点是一种间接的研究方法，通过提出一些意想不到、可以引发深思的问题来消除顾客的戒备心理。这种研究方法可以揭秘那些原初自发的核心情绪触点，有助于促进产品或服务销售。

情绪触点研究向我们表明如何超越明显的表象，利用意想不到的发现结果。传统的行为研究证明，顾客几乎不可能将自己并不真正相信的想法保持15或20分钟以上。这是情绪触点研究既简单明了，却又非常重要的关键所在。同其他采访技巧相比，情绪触点研究依靠的是随意又有深度的一对一交流方式。谈话的时间长度同意想不到的参与方式结合在一起，可以超越顾客给出的可预料答案，揭示出他们行为背后的深层原因。

具体来说，情绪触点研究将发人深思的开放式提问、富有洞察力的倾听、有深度的谈话和对肢体语言的密切观察结合在一起，打开一扇心灵之窗，深入了解顾客的各种态度信念。由此获得的洞察便可使原本模糊不清，或遭到扭曲的答案呈现出清晰的轮廓。这些清晰的轮廓就是有关情绪触点的洞见，可为各类公司提供解决问题所需要的实用情报。

何谓情绪触点？

究竟何为情绪触点？怎样识别它们？怎样才能最有效地调动情绪触点？为何它们如此重要？情绪触点就是引起反应的事件。有些情况，无论真实与否，可以引起一系列强烈情绪。这些情绪便成为随后的行动或强烈信念背景的促成原因。由于情绪触点不是有意为之，也不是预先经过设计，所以无法对其进行量化解释。情绪触点反映我们的内心世界，源自我们全部的生活经历。因此，同统计数据、推测与客观答案相比，情绪触点可以更深刻、更充分地反映出行为特点。

情绪触点也使得广告商每年花费数百万美元，让女士们相信金发女郎更有情趣。许多因公司裁员、外包与合并而失业的人，也会由于情绪触点的影响去独立创业，努力消除对于失去掌控生活能力的恐惧感。情绪触点还使一些精明睿智的公司认为，在绿色技术和社区服务计划等能够唤起顾客内心深处信念和价值观的方面投资是件好事。

情绪触点为何重要？

在生意场上，情绪不受待见，被视为做出正确决策的阻碍。情绪还被视为失控、不理智与软弱的表现。但其实我们也可以说商场上的竞争意识、激情和饱满热情全都是强烈的情绪。情绪触点之所以重要，是因其能够引起深层次共鸣。关于这一点，商界还有待全面提高认识。情绪触点不属于推理判断的层面，因为我们只凭直觉就能断定什么是对的、好的，有一种亲近之感。

情绪触点是激发热情、敦促行动的催化剂。我们依据情绪触点采取行动，因为我们从内心深处认为自己会更幸福，更满足，更安全，更时髦，更成功，更受人尊重；在某些方面生活也会变得更舒适，更美好，压力更小，更令人振奋。另一方面，情绪触点则会引起一些消极情绪和反应。此时我们退避三舍，而非欣然接受。我们要尽量避免受到伤害、斥责、轻视，避免处境尴尬、被人拒绝、受人利用、满心不悦，避免任何有可能吓到或伤害我们的一切消极因素。

情绪触点引发的反应完全建立在感情基础上，无法采用科学方法测量，因此主要用于收集客观硬数据的各种方法不适合情绪触点研究。用于寻找简单答案的定性方法同样不适合，而采访讲述则可以体现出深刻的洞察力。客户很难将自己行为背后的原因用几句话准确地表述出来。他们首先行动，过后再试图解释自己的行为。事后对自己的行为进行解说常常只能道出一部分实情，一部分虚情；还有部分是一厢情愿的想法。所以很难相信在运用传统的统计研究方法时客户本人的自我表述。相反，情绪触点因其未被过滤筛选的原初状态可以反映出非常重要的真实情况。

行动永远具有意义，而且意义又需要一定的背景环境。依靠情绪触点研究方法可以避免经过周密安排的调查方法的局限性，结果会呈现出更加清晰全面的实际情况。鼓励客户自由畅谈个人经历、志向愿望、各种挫折和信念，而不是向他们提出一系列具体问题。他们选择讲述的内容以及相应的讲述方式使得别人能够了解他们的为人，了解他们重视什么。从这些开放式自由讲述中可以明显体现出不同的情绪触点。情绪触点研究的实用价值在于能够阐释客户自由讲述的内容意义是什么。

如何发现情绪触点？

我们下一步要做的是学会将回答同真正的情绪触点区别开来。各种明确线索可使解读这些信号变得容易一些。回答的特点是体现出谨慎小心、没有强烈感情色彩，往往显得有意为之，注重事实，表现被动。而情绪触点则通过持续时间较长、更加活跃，或者更具个人色彩的自发语言交流体现出来。回答反映人们在想什么，情绪触点则揭示人们感觉如何。

我们已经解释过何为情绪触点，以及情绪触点为何重要，同样重要的是学会如何发现情绪触点。下表中所举各例以对比方式反映出没有强烈情绪色彩的回答和体现出情绪触点的回答之间的种种差异。

不带感情色彩的反应	情绪触点
想法	经历
理由	感情
偏爱	需要，信念，价值观
观点	行为模式
真实的回答	讲述的事情
好恶	强烈的情绪

现在让我们运用上表中的一些实例，将不带感情色彩的反应同体现出情绪触点的反应做一下比较。

不带感情色彩的反应	情绪触点
想法 我认为那部电影真实地描绘了成长在70年代的那种感觉。	经历 那部电影把我带回到在一所新高中读高三的时光。每个人都有自己的朋友圈。和谁在一起吃午餐，在公共汽车上坐在什么位置，哪些俱乐部时髦，哪些俱乐部不接受你，在这些事情上都有一些不成文的规则。
理由 我喜欢这家餐馆，因为这里气氛轻松，饭菜很好吃。	感情 每次我走进这里的大门，就好像来到了一个不同的世界，别有洞天。就餐人群气氛活跃，每一个人都显得很开心。一连好几个小时，我忘掉了世间的烦忧。

不带感情色彩的反应	情绪触点
真实的回答 我不再入住那家旅馆,因为那里的服务质量不是很好。	讲述的事情 去年我在那家旅馆至少入住过六次,可是那里的工作人员却不记得我。即使我要求入住离电梯远些的一个房间,他们也不把我的要求记录下来,长时间置之不理。我投诉时,他们就表示道歉,给出的借口是客房全都订出去了。但是我看到比我晚来的客人住进了那个我想入住的房间。我投诉时,他们对此从未给出合理的解释。我入住的房间服务订单经常搞错,要花费很长时间才能送到,那时我已入睡了。不要跟我提叫醒电话的事情。
好恶 我从来不喜欢隔壁那些人。	强烈的情绪 如果那些爱管闲事的邻居再过问我们的事情,我就要大发雷霆了。他们是我见过的最不知羞耻的人。我宁肯把牙都拔掉,也不愿意和他们多待一分钟。

寻找情绪触点线索

除了开口回答外,被采访客户的肢体语言和一般举止也能体现出重要的情绪触点线索。他们的坐姿、动作、说话方式、眼睛往哪里看,均有助于将他们的回答同情绪触点区分开来。直接的目光接触,改变的说话声音,放松的坐姿和冷静的行为举止都是客户在回答问题时的典型表现。然而,当他们开始表现出情绪触点时,身体语言和一般举止也开始发生变化。下面这张表展示了一些发现积极与消极情绪触点的具体实例。

消极情绪触点	积极情绪触点
身体往椅子后面靠。	身体向前靠向采访者。
轻敲手指或两手指尖相触。	使用生动的手势。
两臂交叉在胸前。	向倾听者靠近。
环视室内。	高度关注另一个人。
同他人目光接触时表现犹豫。	直接目光接触。
说话时缺乏热情。	说话时很有热情。
说话时声音单调。	说话时声调多有变化。

情绪与逻辑

客户经常根据情绪而不是逻辑开始行动,因此最好的数据也不一定能体现出他们会做出何种反应。以下讲述的每一个案例均表明:只有当采访者越过真实而肤浅的回答去揭示真正的情绪触点时,才能获悉顾客行动的真相,探清事情原委。

案例1:当恐怖压倒了可能的选择

1997年,一位风险投资家考虑建立一个网上虚拟广告公司,设想以方便快捷的形式向预算不足、员工有限的各类公司提供优质广告宣传服务。网上广告公司定位为提供高效总包服务,所有业务一点鼠标便可完成。目标市场是那些销售额在500万至5000万美元的各类公司。为了评估这一类公司究竟对网上虚拟广告公司有多大兴趣,特地开展了一次情绪触点研究。在研究过程中采访了上述各类公司里负责广告和附带材料的员工,以了解他们对这种新型服务的看法以及他们利用这种新型服务的动机。

起初建立创意服务中心市场的想法对这些工作繁重的员工很有吸引力。他们表示喜欢这一基本构想及其服务范围与合适的价位。最后只有一个问题：采访结果表明这个构想可能行不通。在泛泛地谈论拟建的虚拟广告公司时，员工们表现得精神放松。他们的肢体语言也不带有感情色彩。作为一个抽象概念，每个人都认为这个构想有其优点。然而很能说明问题的是，他们从未表现出个人热情。相反，他们仅仅给予分析性的评价。这是个值得关注的事物，毫无疑问，许多公司需要这种服务。他们的表现令人鼓舞，但是随着谈话内容由假设转向个人层面，员工们的话语和举止表现也发生了变化。他们说起话来犹豫不决，每个人都把双臂紧紧地交叉在胸前，目光看往别处。很快他们便开始猜测可能会出现什么差错。

潜在的客户提出了两类问题。初次了解上述构想内容后，他们表现得彬彬有礼，但是态度不明朗。他们提出的问题很少能反映出自己的想法或感觉，都是一些要了解事实的问题。他们询问有多少创意资源，还询问网站上的成本费用以及不同特点。他们只是彬彬有礼，并不真感兴趣。另一方面，凡是体现出真正情绪触点的问题，他们开始提问时就流露出忧虑的情绪：如果交付的文稿我不喜欢怎么办？如果没有按照承诺交付怎么办？如果我们公司的广告或销售材料被泄露给竞争对手怎么办？

上述问题超越了努力了解虚拟广告公司的层面，折射出了没有言说的真正忧虑：如果我冒着工作受影响的风险尝试这种未经检验的服务，结果却没有效果，那该怎么办？这其中明显地体现出了情绪触点和非常高的忧虑程度。被采访的员工还不能熟练地运用互联网，那种提交方式过于新颖急进，也过于冒险。在虚拟世界里作出决策使他们感到紧张不安，他们不想尝试未经过验证的事物，因为他们不想自找麻烦，更不想被老板解雇。

如今，虚拟广告公司在网上数量激增。互联网在几乎可以想象到的任何领域里都是一种已被广泛接受的经商方式，但这是现在的情况。当时是 **1997** 年，互联网要再过几年后才被普遍接受。只有技术人员和那些早期适应者看出了互联网所具有的巨大发展前景。上述潜在客户当时并不特别精通技术，也不属于那些早期适应者群体。实际上他们几乎不使用电脑。他们在道理上支持对于虚拟广告公司的需要，但是在情绪上却感到非常害怕。谢天谢地，一个拥有合理商务计划的新颖创业好主意被及时地放弃了，因为虽然数据显示可行，但是却遭到情绪触点的极大否定！

案例1	简要总结
对新构想的客观实际反应	态度积极，语言笼统。
对新构想的内心真实反应	态度消极，不愿意冒失败的风险。
情绪触点	对未知事物恐惧，担心个人遭遇不良后果。

案例2：亟需得到肯定认可

一家国际豪华设备制造商想要了解40岁以下的男士购买昂贵汽车、电子产品和其他顶级奢侈品的动机是什么。起初，他们重点关注那些驾驶高档越野车的男士，因为这样的男士也是他们的目标客户。为了深入了解这一客户群体在选择购买汽车方面的动机，特地开展了一次情绪触点研究工作。

有一次的面谈采访特别具有启发性，因为它揭示了一个此前没有被注意到的细微差别。被采访的对象是商业保险公司的一位销售代表，拥有一辆捷豹（Jaguar）豪华汽车。当被问及这种汽车有什么吸引力时，一开始他的回答都是意料之中的：捷豹汽车设计精密，开起来舒适，经销商服务一流。他说的一切都准确无误，但是价位低一些的汽车也都有与此相同的优点。他的回答合情合理，实事求是，却很少透露他的个人情况。接下来他又随意地谈起了自己的童年。那一番言语是个转机，摆脱了他的敷衍回答，使谈话内容转到了他的青年时代。当采访者提出的问题变得有些出乎意料时,他不再显得从容应对、游刃有余了。没有了标准答案做依靠,他开始对采访者讲述一些往事,最终表露出了真正的情绪触点。他谈到了自己的哥哥——一位明星运动员,也是高中时代的班长。显然他的大部分童年时光都是在哥哥的阴影下度过的。而现在则今非昔比。哥哥为了谋生要打计时卡上班,这位销售代表却开上捷豹豪华汽车。太妙了!这可是情绪触点的巨大收获。捷豹豪华汽车的吸引力并不是像通常那样关系到地位,也不是向世人有什么表示。结果证明,地位象征经常用于向最了解我们的人传递更加明显的私人信息。这当然也是这位销售代表遇到的情况。他想要自己的父母承认他已经胜过了哥哥,他脸上浮现出的自鸣得意的诡秘笑容颇能说明问题。他好像个密谋者一样向前探着身子,颇为自得地说着他与哥哥在收入方面的悬殊差距。情绪触点触及到了他的自尊深处。他的自尊依靠的是赢得家人的尊重、赞许和承认。

后来的情绪触点研究采访也证实了上述看法。于是上述那家国际制造商修改了一个宏观定位陈述。虽然他们仍然大力宣传自家产品的质量和工艺,但是并没有就此止步不前。他们又在销售话语中增加了另一个软广告。这个软广告的含义就是,购买他们的产品是一种证明而非宣告客户"加盟"的方式,用来突显这一含义的微妙语言能够使顾客突然想到自己的生活境况。这一招果然奏效。

案例2 简要总结	
事实性回答	销售代表购买了一辆捷豹豪华汽车,因为他喜欢经销商提供的服务,喜欢捷豹汽车的设计、安全性和款式。
坦诚的回答	销售代表买了一辆捷豹豪华汽车,因为他能买得起,他哥哥买不起。
情绪触点	需要得到家人的认可。

案例3：人脉的重要性

一家全国性的医院建筑设计公司是整体设计新方法的开拓者，在业内赢得了声誉。他们首次提出建筑的功用同其外观一样重要。他们依靠这一理念建造了一座将一流技术同舒适环境融为一体的医院，蜚声世界。在他们取得的多项创新成果中，有连接护士站的手提电脑，可以不停地显示病人的最新状态，管理药品库存。另外他们还安装了专用监控设备，在病人的病情发生严重变化时向医务人员报警。他们改变了医院的就医环境，将病房和坐卧两用床涂上了颜色，使父母能够舒适地同生病的孩子一起过夜。

负责建筑公司选择过程，监督新医院施工质量的其他医院的管理人员喧嚷着请求这家建筑公司团体提出建筑设计方案。这家公司的总裁非常自豪自信地表示，他们的技术工艺一流，又能准时保质交工，肯定会成为业内首选的建筑师。但是实际上却未能如愿。大多数令人羡慕的建筑设计任务都交给了其他公司。这家公司总裁心急如焚，于是他转而求助于情绪触点研究，以期了解出现了什么情况，原因何在。

起初，接受采访的那家医院管理人员强调说做决策时相当困难。他们千方百计称赞那些已经提交建筑设计方案的所有设计公司。他们以就事论事的稳重语调继续解释说，他们根据一家公司提交的设计方案中新增加的亮点做出了自己的决策。也许结构特别清晰，技术整合方法独一无二。每个人都有其具体实在的理由决定参与竞争。

那些医院管理人员在谈到自己的负责项目时充满热情。他们坐在椅子上身体前倾，许多人开始滔滔不绝地讲了起来，述说他们非常渴望成为具有前瞻思想的人，渴望同一个习惯于创造性工作的公司开展合作。然而，当他们开始讨论那家正在考虑的公司时，他们的肢体语言发生了变化。他们在椅子上坐不安稳，两眼凝视窗外，避免与对谈者目光接触，有些人甚至叹气。最终他们表示对推销演讲的失望。那家公司总裁似乎独自包揽了推销演讲,而那些要亲自参与建筑设计项目的团队成员却始终一言未发。他们对这次谈话毫无贡献,没有任何思想的自发产生或交流。场面乏味枯燥。

情绪触点体现出选择建筑公司既靠专业资质,也靠人与人之间的情感上的联系。只有合格的团队才参加评审,这是不争的事实。医院管理人员非常重视那个在未来几年里开展现场合作的团队。他们不想在"陌生人"身上花费大量时间。结果最终是人情纽带起着决定性作用。

然而,这个团队却与他们保持距离,只把这个任务看作是常规项目。对于医院管理人员来说关键还不是实质性问题,而是缺少人情纽带。他们最重视那些同他们一样兴奋、对项目负责而且有热情的专业人员。遗憾的是,这家优秀的建筑公司未能看出激发潜在客户积极性的情绪触点。那就是他们失去很多设计任务的真正原因。

案例3	简要总结
事实性回答	另一家公司提交了一份更好的设计方案或技术方案。
坦诚的回答	他们个人不看好那个设计团队。
情绪触点	需要真正的人与人之间的联系。

整体情况

情绪触点研究的实质是倾听并寻找能够揭示出客户真情实感的各种线索。他们讲述的内容向我们展示出一幅幅生动的背景景象。通过这些内容,客户道出了他们的个人经历、爱好、感情、需要、信念和价值观。他们的一般举止和具体的肢体语言进一步突显出话语背后的含义。从这些线索中可以洞察行为发生的真相。

第 2 章
情绪触点研究——运用间接方法取胜

情绪触点研究

倾听高见，努力遵行。

——L. M. 赫卢克斯

情绪触点研究是一种区分准确信息与真实信息的有力工具。通过富有洞察力的倾听和有根据的探查，情绪触点研究可以透过顾客所说的话语表面，听到他们真实的心声。在这个过程中浮现出深刻洞见，而且这些深刻洞见又成为将情绪要素转变为宏观解决方案的基础。

研究技巧

情绪触点研究技巧运用我们所说的间接方法：围绕某一特定研究目标提出一些引发深思、没有固定答案的问题。采访者并不利用事先准备好的谈论指南来套取答案，而是鼓励客户滔滔不绝地讲述一些往事，从中深刻揭示出他们的真实动机。沿着顾客谈话的线索，不可避免地会触及一些采访者事先没有意料到的内容。探究一些你所在的各类公司也许没有考虑过，或者没有以其提出的方式考虑过的问题，才是使研究过程既显得独特，又具有启发意义的关键所在。这并不是说情绪触点研究不注重澄清具体问题，或者不注重帮助各类公司解决具体问题。这种研究技巧之所以有意运用间接方法，是因为我们发现当客户处于放松状态时给出的答案更自然、更诚实。穿插在没有固定答案的问题中的关键词语用来为谈话定调，起着引导作用。通过运用这样的引导词语而非事先准备好的谈论指南，情绪触点研究解决的是你们公司的目标问题，还要避免那些同经过周密安排的问卷有关的缺陷。

采访谈话的开放性质鼓励客户用自己的话语坦诚地讲述有关情况。关键的情绪触点渐渐地通过没有底稿的随意讲述显现出来。客户在回答时往往精明潇洒。但是情绪触点研究却可以消除客户的警戒心理。客户变得更加放松，因为他们全心投入到回答没有固定答案、发人深思的各种问题过程中去了。情绪触点研究采用的间接方法具有意料不到的特点，毫无威胁性。结果，被采访的人物便放松了戒备。

益处

在妨碍公司圆满实现目标方面，由内而外、先入为主式的思维方式危害最大。在这种思维方式的影响下，公司管理层依据内部看法来断定客户需要什么、重视什么、相信什么。随后开展的研究工作就是为了证实上述那些固步自封的结论。情绪触点研究带来了一种新的研究视角，完全消除了先入为主的偏见，依靠没有特定结构安排的研究形式。在这种研究过程中，客户并不回答某人事先断定的那些关键问题，而是畅所欲言，以自己的方式谈论他们最关心的问题。情绪触点研究运用的是"由外而内"的研究方法。话题或事先确定的问题没有经过先入为主式的内部过滤。相反，采访重点仅仅是你要影响的客户。通过积极地倾听他们讲述的内容，你可以了解事情的真相。

目的

情绪触点研究可以帮助公司管理人员确定：

- 哪些因素对决策过程产生影响。
- 是什么引发了具体行为，激发了坚定的信念。
- 在特定客户群体里有什么样的价值观和信念。
- 特定客户群体的价值观和信念同公司内部的观点有何相通之处，有何不同之处。

形式

情绪触点研究的采访特点是：

- 发人深思的开放式提问。
- 富有洞察力的倾听。
- 亲自与客户见面。
- 一对一谈话。
- 持续一小时的会议。

情绪触点研究是如何起步的

我们在整个职业生涯中需要不断剖析各种复杂的问题。尽管我们的起点不同，但是我们都得出了相同结论，采用我们现在所说的情绪触点研究方法获得了很大成功。琳达的相关经历起始于在美国广播公司（ABC）供职期间。在两个差异很大的业务领域里，我们发现情绪触点研究这种方法极为有效，可以解决难以轻易回答的特别复杂的问题。让我们从头开始说起吧。

琳达的个人经历：供职于美国广播公司

有时无知可以是福分。当然，只有当你愿意承认时才会是福分。我毫不犹豫地承认自己无知。对我来说这样做还真的是一种福分，甚直是洪福齐天！我的思维方式并不曾受到"什么不会奏效"这种先入为主观念的不良影响。所以，我毫无拘束地思考着许许多多新的发展机会。我的确就是这样做的，结果比我想象的还要好。因此，我最后终于认识到情绪触点研究确实很有效用。下面就是事情的经过：

几年前，我前往东海岸地区加盟美国广播公司。在担任一段时间的音乐市场部营销主任后，我被提拔到负责广播部业务拓展管理的职位上。美国广播公司在全国各地重要城市都设有调幅和调频广播电台。我的工作任务是为这些广播电台的任一合作运作业务开辟新的广告收入来源。我不是承担这一职务的第一人，也不是第二人。幸运的是，我并不了解以往的情况，否则我就会朝相反的方向一路尖叫着跑去。多年来一位又一位员工被分派到同样的工作任务，但最后结果均不如意。虽然他们几经努力去拓展业务，最终还是失败了。而失败的原因主要是前任的几位主管所受限制较多，并非能力不够。

当时的情况

几乎所有的商业广播时间均由广告公司为其客户买下了。每一家电台都有一个全国性的销售机构同上述广告公司有业务来往。但美国广播公司并不想再这样做。为了避免出现问题，当时限制公司业务拓展部门的人员同广告公司打交道。结果凡是对这个行业内幕稍有了解的人都认为这项工作徒劳无益。我恰好不是这样的人。以前我从未在广播公司工作过，也没有任何做销售业务的背景。上班第一天，一位高级主管把我拉到一边说，我最好的出路就是努力使公司最高管理层的某位官员相信我头脑聪明。他确信，在销售业务拓展工作毫不意外地没有取得进展后，这是我调到公司其他部门工作的唯一机会。他在未做自我介绍之前就这样讲话！看来开局不利。

原本应帮助我提振信心的那位主管却使我感到心神不宁。如果我承认自己无知，接下来该怎么办？从哪里着手工作？也许一开始应该同本公司的员工见面，更多地了解一下广播电台及其运作情况。然而我的直觉告诉我要另辟蹊径。美国广播公司内部弥漫的那种悲观情绪太令人沮丧，有可能让我取得成功的前景变得暗淡起来。显而易见，谁也没有现成的答案，所以才弥漫着悲观情绪。我并未试图在公司内部寻找解决方案，而是决定直接同公司决策者见面。新颖的解决方案需要另辟蹊径。

各大公司客户在美国广播公司拥有、运作的广播电台买下广播时间后，便将其作为在当地媒体的投资项目纳入自己的业务日程表中。所以，查清在当地对于上述大公司来说重要的是什么，这是工作迈出合情合理的第一步。我把目标瞄准了《财富》杂志评出的世界500强企业的总裁或者执行副总裁。这些企业通过每一个零售渠道销售自己的产品，包括超市、药店、折扣商店、百货商店或者特色专卖店。密切关注那些很有可能讨论大局的人士是突破广告束缚的最稳妥途径。

另辟蹊径

我请求每个公司管理人员给我一小时的时间，我好趁机向他们讨教。他们获悉那次采访的目的就是为了帮助美国广播公司广播电台（ABC Radio）了解在当地市场对他们最重要的是什么。此外，我还向他们保证绝对不向他们销售任何产品。他们大多数人欣然同意接受采访。接下来便是比较棘手的问题。我该如何组织采访？当时面临着两种选择。或者是各大公司改变他们购买广播时间的方式，以适应美国广播公司广播电台的要求；或者是美国广播公司广播电台必须改变运作方式,以适应大公司的需要。

不用说营销天才,普通人也能看出哪种选择方案最有希望获得成功。然而,美国广播公司像其他许多公司一样,屡次采用由内而外、先入为主的视角。他们三番五次试图说服潜在广告商应该对设在当地的美国广播公司广播电台感兴趣,应该去他们的广告公司购买额外的电台广告。他们试图用特别的广播赛事、奖项、针对偏远地区的广播节目和其他常用促销方式来吸引大公司,但是没人上当。美国广播公司没有趁机了解这些公司面临的潜在挑战,了解他们眼中的最大竞争障碍是什么,只是不停地轮番去说服那些有可能成为他们新收入来源的大公司。

> "……如果谈话的中心内容只是我想说什么,而不是潜在广告商想要讨论什么,那不会取得什么成果。"

一切都围绕着美国广播公司广播电台需要什么,他们能称心如意地提供什么来展开。潜在的广告商不感到困惑才怪呢!我心里明白,如果谈话的中心内容只是我想说什么,而不是潜在广告商想要讨论什么,那不会取得什么成果。我把这一点记在心里,随后我开展情绪触点研究所用的最初方法便开始形成。我决定在采访中以一系列开放式提问为主。我不会说一些诸如"请和我谈一谈你的生意"这样的常见套话,而是提一些能发人深思的开放式问题,触及敏感问题,鼓励各公司管理人员详细谈一谈自己的情况。

尽管直到最初的采访过后才证实了上述推测,我还是一开始便摒弃了直截了当的提问方式。假如向各公司管理人员施加压力,让他们告诉我美国广播公司广播电台怎样才能说服他们直接从广播电台那里购买广告时间,这样做过于冒险。假如这样有限的采访框架提出后遭到拒绝,下一步该怎么办?

即使关于广告的一般性讨论也不便开展。无论如何,话题又会转回到他们的广告公司上去。在不允许我同这些广告公司接触的情况下,引起种种麻烦又有何意义呢?因此,我下定决心只从大局着眼探讨问题。具体来说,我想了解三个情况。首先,在他们看来,怎样才能使当地的销售额增加?其次是当地销售额增加的必要条件是什么?再次,他们认为存在哪些障碍?在确定了我需要了解的情况后,我必须找到了解情况的最佳途径。

大公司的高级管理人员不会将他们的许多业务细节透露给一个陌生人。采访本身必须注重发掘充满情绪的谈话内容,而不是那些事实性的肤浅谈话。从一开始,我就放弃了编写谈话指南的想法。我凭直觉感到,谈话指南只会给人留下开展调查的印象,无助于精神放松的交谈。而且谈话指南也不是促成有意义对话的最佳手段。另外,我很有可能根据自己认为相关程度最大的事情来编写谈话指南,这样做很不利。我在前面承认过自己对于电台广播行业非常无知。为何要把自己装扮成权威呢?

放松戒备,积极参与

我当时并没要求各公司管理人员违心给出一些具体答案,而是采取迂回战术,绕过那些敏感的问题。能够发人深思的开放式问题可避免使被采访者感到难堪,同时还能引起他们的好奇心。他们会随心所欲,畅所欲言。我认为顺着他们的谈话线索穿插一些开放式提问和提示,最终可以更加详细地了解一些关键问题。

我在采访过程中提了几个开放式问题,这些问题必须符合三个要求。首先,问题必须发人深思。其次,问题必须切题。最后,问题涉及的范围要广,鼓励被采访者多谈一些情况。每个开放式问题必须能够自然而然地引出其他开放式问题和相关提示。

当时对第一个问题的不同提问形式进行过测试,以了解哪种形式最为有效。例如，下面是一个问题的三种不同提问形式：

- 请讲一讲您在当地市场计划增加销售额时遇到的最大难题是什么？
- 如果您在鸡尾酒会上同其他管理人员相互交流在当地市场开展竞争的噩梦般"战斗经历"时，您最有可能谈到哪一件事？为什么？
- 如果只能满足一个心愿，您希望提出什么要求从而使您极大地提高业务能力，有效促进在当地市场的业务？为什么？

接下来运用后续提示鼓励管理人员详细谈一谈第一个开放式问题，然后再谈其他问题。每一条开放型的提示又会进一步引出更多具体情况。例如，我会以下述问题激励他们畅所欲言：

- 您是怎样得出这个结论的？
- 您学到了什么？
- 您对这件事情的看法是怎样形成发展的？
- 您怎样预测形势的变化？

结果证明，采访的开放形式既没有威胁性，又很感人，确实激励了管理人员敞开心扉，透露更多深层次的真情实况。采用这种方法有效地找到了一种我以前从未想到的创新型解决方案。先提出几个开放式问题抛砖引玉，然后再说一些同样是开放式的、表示鼓励的话语，最终水到渠成，答案唾手可得。

最重要的是展示产品，而不是广告

不管怎样，同我交谈过的几乎每一位公司管理人员均表示，在商店里展示产品对他们的销售额影响最大。很多管理人员谈到对他们的销售组织或经销商表示失望。新产品每天都充斥着市场，竞争激烈。为自己的产品争取更多的展示机会不仅变得极其困难，而且他们还不停地开展斗争，以保住现有的展示空间。不止一个管理人员提到他们的广告业务或者在媒体上的广告投资已成为一大难题，这是他们最关心的事情。他们谈起这个话题的时候，广告业形势比较混乱。他们担心客户开始把一切都不放在心上。恰恰由于这个原因，各公司管理人员声称，在商店里展示产品对他们的生意具有重要作用。

客户在走进实体商店之前推迟作出购物决定的情况越来越多。生产厂家明白，客户在销售点看到的他们的产品越多，留下的印象就越深刻，就越有可能购买他们的产品。我遇到的各公司管理人员非常期盼着能在实体商店里"实现突破"，以增加产品销量。这不仅对他们的生意非常重要，而且在个人层面上他们也想获得在竞争中占得优势的满足感。

情绪触点解决方案

实体商店里展示产品这个问题在多大程度转换成情绪触点，这是我那时一直要探查到的真实情况。它导致电台广告的传统销售方式发生了根本转变。真正的宏观机遇同重要消费品公司的销售管理有关，同难以琢磨的广告预算无关。如果把电台广播定位为增加消费品公司在实体商店展示产品机会的"杠杆"，那么人人都是赢家。这种观点成为一种新发展战略的关键。美国广播公司派人前往《财富》杂志世界500强生产企业，建议在其设有广播电台的市场区域里开展一次由他们的销售部门资助的实验。那家生产企业负责执行时长为60秒的广播广告时间表；美国广播公司则为那家生产企业负责所选市场的整个销售团队召开一次会议。美国广播公司为他们的销售伙伴提供全部资料，并解释如何用他们的零售主顾为这次活动计划定位。

下面是具体实施过程：那家世界500强生产企业找到一家重要零售商，向他们免费赠送当地美国广播公司广播电台的60秒商业广告时间。前30秒用于宣传他们的产品。零售商可以利用其余30秒时间推销他们想要推销的其他任何产品，只要不同那家生产企业销售的产品进行竞争就行。作为电台广告的一种交换，零售商签订了一份协议，同意促销期间在美国广播公司的电台广播覆盖区域内每一个自家商店里安排固定地方展示那家生产企业的产品。

第一家参加实验活动的企业是一家著名的制药企业,在纽约市运作实验计划。当最终结果列成表格时,同那家企业增加的销售额相比,六位数的广播广告安排成本费用少得可怜。不久,电台广播部门的其他员工也被招来开始向潜在广告商的销售部门推广这个概念。在一年内,新客户便包括个人护理用品、汽车售后市场供应、照相机、食品等领域的生产商,还有一家平装书出版商。美国广播公司把这种新的业务拓展战略转变为企业销售活动,我则被任命为总经理。

双赢关系

这一战略之所以奏效,是因为每个人都能从中受益。生产商利用成本有效工具在实体商店获得了更多的展示产品的机会。美国广播公司广播电台则获得了利润丰厚的新收入来源。同收听率相比,世界500强企业的销售主管们更加关心如何展示自己的商品,所以广播时间的费用不取决于收听率。

情绪触点研究打破了传统模式,可使公司管理人员以自己的语言、自己的方式讲述他们关心的事情。在没有利用谈论指南或预先选好的话题打断谈话的情况下,解决方案一目了然。这种采访方式客观上形成了严格规则,迫使关注重点放在管理人员讲述的内容上。他们主导着谈话内容。采访不是为了回答某人事先准备的一系列问题。重要的是开展对话,鼓励每一个人畅所欲言,详细地讲出有关内容,同时挖掘他们可能揭示出的情绪触点。

突出重点

所有的研究都是为了说明一个问题,或者解决一个问题,上述采访活动也不例外。虽然开放式问题有意设计得发人深思,但最终还是要导向具体的目标内容。在全部采访过程中,我关注的重点是哪些因素妨碍了管理人员在当地市场有效地应对各种挑战。每个发人深思的开放式问题均表达了这种意图。

第一个开放式问题为采访活动确定了基调。在这种情况下,把问题限定在当地市场,为采访提供了相应的语境。这是安排采访过程的一种灵活方式,不必对出现的各种话题进行控制。通过额外提出的一系列涉及当地市场的问题,可以把采访的框架始终锁定在宏观目标上。

突破原有模式

从前,美国广播公司电台广播部门,同其他公司一样,把工作重点放在驾轻就熟的业务方面。他们谈论的是广播节目数量和收听率,因为那就是他们的工作性质。那是他们的专长,但却无助于解决业务拓展方面的难题。就我而言,我很容易忽略传统的实情调查方法,因为谈起广播广告韵律学来我根本就不在行。也许如果我懂得多一些,就不会那么愿意去探索新方法了,会倾向于认为情绪触点研究法过于标新立异。然而,对于我来说那并不成问题,所以我让各公司管理人员敞开心扉,畅所欲言。我们主要关注他们的兴趣爱好。这一招果然奏效!

米歇尔的故事:得克萨斯航空公司往事回顾

我一直喜欢解决别人看不到的问题,这可能是我非常喜欢看侦探小说的原因。杰西卡·弗莱彻、哥伦布、马普尔小姐,以及电影和小说中我们喜欢的所有侦探都是本领高强,均能及时赶赴出事现场,眼观六路,耳听八方。他们始终保持头脑清醒,只提一些恰到好处的问题,最终不仅告诉我们"是谁干的",而且查出作案动机,让人恍然大悟,拍案叫绝。

我首先承认,我不是杰西卡·弗莱彻,但是我应别人邀请帮忙解决了许多企业难题。从中我得出一个结论:每个商务问题的答案就存在于客户、员工和你试图影响的股东们心中。关键是要恰到好处地提出足够的问题,使他们倾诉自己的爱好、担心、希望与梦想。换句话说，关键是要运用情绪触点研究方法。

首次尝试

当然，我起初运用情绪触点研究法时并没有按着那样的名称来指称它。事实上，这种方法从我的直觉中演变而来。我首次运用情绪触点研究法逐渐破解难题是在20世纪80年代初期。当时我已被得克萨斯航空公司招聘为雇员，帮助弗兰克·洛伦佐（Frank Lorenzo）领导下的发展迅速的航空集团组建一支统一的销售队伍，巩固订票率，打进全国旅行社市场，为我们的客户提供真正优惠的服务。当时得克萨斯航空公司已经收购了地区性的东方航空公司和大陆航空公司。

业内背景

> "……也是一个'不作为就死亡'的时代，只有头脑精明、雷厉风行的人才有可能生存下来。"

如同任何一部优秀的侦探小说一样，有关背景也是米歇尔奋斗经历不可分割的组成部分。当时解除管制的做法正在改变着整个行业。新的航空公司不断涌现，发展壮大。相关的服务公司也在联合、合并。老套的行规做法正在消失，新机遇层出不穷。那是一个前途无量的时代，也是一个"不作为就死亡"的时代，只有头脑精明、雷厉风行的人才有可能生存下来。

在解除行业管制之前，旅行社同航空公司之间保持着相互支持、相互依存的融洽关系。旅行社销售机票，扣除佣金，被视为旅游目的地的专家。但是在解除行业管制的新环境里，航空公司更改了佣金协议，开始根据售票额的总数浮动支付佣金，废除了固定佣金的做法。

这样一来，旅行社就必须以实际每个航空公司的具体售票额为目标，以完全陌生的方式管理自己的业务。行业规则变了，他们不知道自己能否生存下来。

最新涌现出的强势企业都是一些大型旅行社集团，比如，美国运通公司（American Express）和卡尔森旅游集团（Carlson Travel）。航空公司依靠他们的客户订票系统来增加重要客户机票的销售额。各航空公司之间的竞争十分激烈。每家航空公司都希望大型旅行社使用自己的订票系统。全面准确，运行快捷的订票系统在赢得市场份额方面至关重要。每家航空公司拥有的订票系统就是一部电脑，里面存储着所有航空公司航班的数据，可使旅行代理人预订机票，管理剩余机票。

利益冲突：航空公司的自信心

弗兰克·洛伦佐眼光独到，看出了解除行业管制带来的市场新机遇，迅速采取措施安排东方航空公司和大陆航空公司合并一事。遗憾的是，当时尚未制定相关计划以便有效地把两家差异很大的航空公司合并成一个销售集团公司，使他们拥有统一的营销力量和世界一流的订票系统。

这正是我施展才干的机会。作为"一号系统"（得克萨斯航空公司客户订票系统的别称）全国性销售团队的新任负责人，我的工作任务就是组织开展这样的行动。我们需要加强努力，对我们的重要客户做到"用一个声音说话"。由于大型旅行社占到我们业务总量的85%，所以同他们搞好工作关系至关重要。但是他们也有自己的工作重点和关心的事情。这两者之间经常发生冲突。

从一开始，东方航空公司同大陆航空公司的合并就存在争议。东方航空公司与其旅行社基地有着良好的工作关系。他们是业内知名的合作伙伴，能够灵活敏锐地满足客户的需要。他们大部分生意来自为休闲旅客服务的小型旅行社。与东方航空公司不同,大陆航空公司的服务对象是商务旅客,盈利更多,但是他们同合作旅行社的关系紧张。当时他们刚刚完成一个测试,以确定是否能够直接向大公司出售机票,绕过经手其85%售票额业务的旅行社。

后来得克萨斯航空公司又收购了三家航空公司,事情突然间变得复杂起来。大众捷运(People Express)航空公司的企业文化是对所有的乘客一视同仁,包容对待。纽约航空公司则当着你的面"咄咄逼人",服务于繁忙的纽约—波士顿—华盛顿空中走廊。边疆航空公司(Frontier Airlines)是一家历史比较悠久,也更加古板严肃的航空公司,服务对象为美国西部各州。

五方合并后,每家航空公司继续保留各自的销售团队开展业务,在信息以及产品的交叉销售方面几乎没有什么协调合作。实际上各家航空公司销售人员均处于相互竞争状态。他们不仅相互拆台,彼此诋毁,而且还迷惑拉拢客户。由于是独立运作,各家航空公司正濒临着生意遭到损害的危险。本来合并的目的就是为了创造增加收入的机会,但实际上各家销售团队却只顾自己,互不合作,损害公司的发展前景。

为了使得克萨斯航空公司获得成功,我们需要在主要旅行社内部掌握一定份额的客户订票系统。但是在这之前,我们必须同前二十家重要客户建立密切关系。当我打算从上述合并后的五家航空公司那里收集信息、开展合作时,我才知道自己的工作任务有多重。他们的内部抵触情绪非常强烈。我很快认识到,如果公司继续沿着这条路走下去,就会遇到灭顶之灾。

一个团队,一个声音:航空公司行业史无前例

在这种迅速变化的环境中,不允许浪费任何时间。当时公司作出一个决定,要将各销售团队整合成一个统一的销售团队,负责全部五家航空公司和客户订票系统。这在业内尚属首次。此前没有一家航空公司因其技术系统和各家

分公司销售额的缘故合并过不同的销售团队，也没有一家拥有与运作多家独立航空分公司的大公司试图合并各个销售团队。

为了使这个尚未经过检验的做法获得成功，我们必须使大型旅行社相信这种新型体系本身所具有的价值。更重要的是使他们相信将他们的客户订票系统一大部分转变为得克萨斯航空公司"一号系统"所具有的价值。在我们看来，这样做至关重要，因为只有接触更多的客户才能进一步增加订票数额。然而只是因为对得克萨斯航空公司重要，并不意味着各大旅行社也和我们拥有共同的工作重点。如果我们想要获得成功，就必须让我们的客户得到拥有附加值的实惠。

亲自出马征求意见

把一个全国性的销售团队组建完毕后，我面临的第二个挑战就是了解应该采取什么措施，使已被剥夺发言权的庞大旅行社群体重新发挥作用。我掌握的有关历史背景或竞争情况非常有限，需要深入了解潜在主顾的各种想法，这样我可以制定一套方法来实现我们雄心勃勃的各项目标。一开始我就认为，在最深入的个人层面上了解行为，尤其是决策行为背后的驱动原因，会揭示出我们需要采取什么措施来赢得多家旅行社的支持。我心里牢记着这个目标，开始同每一家重要客户的老板或高级主管展开一系列一对一的深入谈话。为采访过程做好准备后，我便解释说自己刚刚上任，很有兴趣了解一下他们如何看待业内形势，如何看待他们同我们公司的工作关系。我接下来还表示，我们非常需要倾听他们的意见来改变一下现状，使双方受益。

揭示情绪触点的提问

在整个采访过程中，我尽量使每个人处于放松状态，让他们推心置腹地讲述自己的故事。我们一开始总是提出下面这样的开放式问题：

- 请跟我讲一讲自从解除行业管制以来你们的业务发生了什么变化？有哪些变化使您晚上难以入睡？
- 你认为理想的销售方和合作伙伴关系是怎样一种关系？
- 能谈一谈您当今理想的合作伙伴当初怎样赢得了您的信任吗？

在谈话过程中，我利用以下提示鼓励他们继续讲出更多内容：

- 请多讲一讲。
- 您对此怎么看？
- 假如您有机会从头开始，您会以怎样不同的方式处理那种情况？

旅行社管理人员透露出的几个强烈情绪触点对于得克萨斯航空公司采取哪些措施具有重要影响。他们感到焦虑，因为他们不知道这个行业要往何处发展，担心又要提出一整套新的商务要求。他们愤愤不平，因为总是要求他们遵守新的政策和程序，却不让他们参与策划过程。相反，各种变化都是强行实施的。他们感到沮丧。每一家航空公司均有自己的一套新规定、新要求，不可抗拒，难以应付。他们还感到失去了发言权。似乎一切全都关系到航空公司想要得到什么，根本不考虑能够做到什么。他们感到被剥夺了投票权利。往日那种友好的同志情谊已不复存在，取而代之的是严肃的财务讨论，有时让人有一种令人生畏、咄咄逼人的感觉。

他们在讲述中谈到了因为同销售代表发生争执而无法向自己的客户提供重要服务的经历，或者由于以前发生过个性冲突，没有享受到优惠奖励制度的经历。他们抱怨说，得克萨斯航空公司每个销售团队使事情变得更糟。在遭到诽谤中伤的情况下，他们不知道该信任谁。他们不是合作伙伴，反而被迫扮演着裁判员的角色。同许多咄咄逼人、喜欢争吵的销售代表打交道既浪费时间，又使人身心憔悴。讲述的每一件往事都使我加深了对一个处于变化中的行业的理解。旧有的行规做法不断消失，新的商业模式正在形成。我们可以成为合作伙伴，也可以成为竞争对手。

把情绪转变成行动方案

我们从发人深思的开放式问题中了解到了重要真实情况。大型旅行社欢迎建立更加务实的业务关系，但首先他们需要清楚前景如何。也就是说，他们想要建立一种"没有意外"的关系。随着业内解除管制的商务环境向纵深发展，他们担心以往那种经商方式不再有效。在这个变化不定的时期，他们需要得到保证，使自己的需求与航空公司的需求一样受到重视。他们寻求建立合作伙伴关系，而不是航空公司大权独揽的那种经销商关系。他们担心的事情已经够多了；得克萨斯航空公司不断增加的那些争吵不休的销售代表只能使他们感到更加头疼。

在上述采访期间显现出的情绪触点彻底改变了以前任何一家航空公司的做法。我立刻重新组建了销售团队，创造了一种全新的商务模式。大型旅行社不必再忍受相互竞争的那些得克萨斯航空公司销售代表的抱怨批评。相反，我们为每家大型旅行社派去了一位专职的销售人员。从前一家代理公司会遇到多位销售人员登门拜访，他们代表着不同的销售业务，比如机票销售、旅游推销、团体票务和会议票务。由于得克萨斯航空公司拥有五家不同的分公司，同它打交道难度极大。后来各家旅行社只设一个销售人员，主要负责客户每部分日益增加的业务量。我们为每家公司制定了单独的销售计划，在如何实现这些目标、确保我们的责任同他们的相等方面达成了协议。我们格外用心，力求积极主动，包容并蓄。

在只有一位销售人员全面负责一家旅行社业务的情况下，工作关系大有改进，彼此建立了信任，启动了各种互利互惠计划。两年内，各大旅行社的销售额增加了33%，全部20家客户均签订了业务协议，购买得克萨斯航空公司完全拥有的客户订单系统。

值得深入探究的谜团

在比较私密的背景下采访客户，使他们在完全"安全"的环境中畅所欲言，讲述自己的各种需要，这样的亲身经历使我相信这种方法可适用于其他许多场合。对于那些花费时间去真正了解他们的客户、员工、供应商和股东们根深蒂固的信念和价值观的公司来说，这种方法会使他们受益匪浅。我认识到从中获得的深刻洞见对于建立盈利的各类公司至关重要，因为我从亲身经历中观察到那些由衷感受到的情绪触点对个人行为会产生明显影响。从那时起，我对这种方法进行了改进，同全世界多种各类公司开展合作，获得了一些真知灼见，改变了各类公司及其产品格局，提高了客户满意程度，推出了新的品牌，为新产品和新的各类公司提供了效果验证，加速了客户收购速度，促进了管理措施方面的变化。

现在，我仍然喜欢破解那些别人看不到的谜团。

我们的学习收获

情绪触点研究法表明，当你从自己想要影响的那些客户视角处理一个问题时，你就是在采取最有效的措施。这种方法最初在美国广播公司和得克萨斯航空公司使用过，使我大开眼界。我们认识到，不必依靠周密安排的调查手法或讨论指南。能够发人深思的间接提问则效果更好，因为这样的提问可以解除客户的戒备心，很有吸引力。随后的谈话内容更加丰富，常有出乎意料的重大收获。我们采访过的那些管理人员比在采用直接提问方法时透露了更多有关他们自己及其行为动机的真实情况。这种没有周密安排的调查方式（后来被称为情绪触点研究法）使美国广播公司和得克萨斯航空公司了解到各种他们事先没有意料过的真实情况，帮助他们在两个截然不同的行业制定出成功的商务拓展战略。

情绪触点研究是一个发现旅程，离不开发人深思的提问、富有洞察力的倾听、摆脱了偏见的观点以及开放式的讨论。我们大多数人天生不是积极的倾听者，更喜欢别人听自己讲话，而不是听别人讲话。因此，我们需要培养富有洞察力的聆听技能。虽然不易做到，但是值得为之努力。一旦掌握情绪触点研究法，就可以获得无与伦比的创新机会。利用其他方法时不曾想到的各种解决方案就会出乎意料地涌现出来。

如果你学会了真心倾听他人的意见，客户总会告诉你如何去影响他们的行为，如何去吸引他们。

第 3 章
定量研究 VS 定性研究

下一番苦功

> 事实与真相之间存在着天壤之别。事实可以遮蔽真相。
>
> ——马亚·安杰卢

本书前两章强调了情绪触点的重要性,因为正是情绪触点使情绪触点研究法同定性和定量研究法区别开来。经过多年不断摸索,我们苦尽甘来,终有所获。所以,在开始讲解一系列我们如何运用情绪研究法的详细案例之前,还要简单地讲一讲我们的发现过程。这样做是希望使你可以避免我们在探索过程中曾经遭遇到的那些挫折和错误的开端。

传统的定量研究法

作为专业人员,我们也像其他许多人一样,很大程度上依靠定量研究法,将其用作收集信息的标准方法。这种方法之所以有吸引力,是因为它注重测量数据。定量研究要确保针对全部研究对象的统计结果的准确性,从足够多的人群中收集数据,以保证样本规模具有代表性。其结果总是客观的,因为是以数字为依据。我们在早期职业生涯中非常相信数字从来都能揭示出真相。

事实提供的信息不带感情色彩,有时我们恰恰需要这样的信息。例如,一家服务公司正在选择房地产的地址。那么就需要确定每一个正在考虑中的潜在市场规模,竞争者的数量以及每个竞争者的距离,白天每小时的交通状况,周围社区的人口结构以及该地区的人口趋势,所有这一切均要求收集可以核实的数据。这样的统计数据可以佐证支持在哪里开店经商的决定。但是统计数据却不能保证生意兴隆,即便处在最好的地段也是这样。在这方面,深刻洞察就显得非常重要。

各类公司经常开展研究来帮助自己了解哪些因素会影响人们的观点,了解如何鼓励具体行为。但是了解客户重视什么,以及如何最有效地吸引他们却不是统计数据能够解决的问题。

为什么不依赖统计数据

在引导决策方面不仅需要统计数据,还需要从已知事实朝向肯定假设的巨大跨越。对于大多数公司而言,这种跨越幅度太大,不可能引导他们走向成功。许多公司在缩小这种差距时未能实现安全着陆。定量研究可以进行测量,但是这种研究缺乏可靠的解释成分,因为研究前提可能有缺陷。如果研究本身包含着一些经过周密安排,而且还带有预先设定的回应选择项的提问,那么这种研究则体现出别人对于一些重要问题的看法。它预先认定某一特定假设是成立的。如果假设是错误的,或者表述的方式突出了回应倾向,其结果也许在技术上是准确的,然而却无助于了解事实真相。

定量研究对于收集人口数据或广义数据确实可靠,比如确定在哪里经营服务生意。当被测量的对象毫无歧义时,统计准确的抽样调查就是一种最佳预测工具。从许多人中寻找有关表述清晰、理解无误的问题答案时,统计准确的抽样调查同样有用。这种方法在毫无偏见，不做价值判断的事例中非常奏效。但是当答案需要解释时，这种方法却不适用。

问题不是出在方法上，问题在于如何运用方法。当时我们未能把定量研究方法限制在只需要同上下文无关的客观答案上。相反，我们落入了陷阱，错误地认为依靠统计准确的发现结果就可以高枕无忧。把定量研究作为多层面复杂决策的依据，这样做并不合适。从已知情况未必能正确地推断出下一种情况。

调查

调查是最常见的定量研究形式，有其内在的灵活性。可以通过电话、网络、邮件或亲自见面的形式展开调查。主要的可变因素是费用与速度。各种调查方法均包含有周密安排的提问和预先确定的回答选项。调查活动经常使用一个选择清单，把所选项目按重要程度或喜欢程度进行排列。例如，可能会要求顾客把影响购物经历的许多因素按重要性依次排列出来。这份列表可能包括商店清洁程度、帮助购物的销售人员、良好的光照条件、摆放整齐的商品、有竞争力的价格以及商品丰富程度等因素。

虽然排名先后会准确地反映出顾客对于各个选项的评价，不过还有一个小问题。表中也许从未列出顾客心中的实际敏感问题。情绪触点也许是截然不同的因素。这样的差异经常使调查仅仅变成有趣的练习活动。即使包含着正确选择，如不得益于解释，仍然需要从已知事实大幅度地向假设跨越。

有时调查活动中包括数量有限的开放式问题。但是采访者常常没有经过相应的训练。他们不懂得如何倾听发现情绪触点，不懂得如何处理情绪触点。随后的提问机械呆板。由于调查结果要列表显示，开放式问题往往以统计数据的形式展示出来。比如，百分之多少的接受调查者发表过多少次评论，他们的评论又可分成若干几大类。所有这些内容共同构成众多事实，但几乎形成不了什么见解，在清晰度和具体真相方面仍然扑朔迷离。

在我们的职业生涯中，有一段时期曾供职于大型零售连锁店，包括百货商店、大型商场、大型专业店和特色商店。在那段时间里，我们顾用了十多家公司替我们承担各种各样的研究工作。尽管委托别的公司承担研究工作的具体原因不尽相同，了解顾客认为什么最重要一直是我们的首要研究任务。你猜怎么着？研究结果从来没有变过，每一次都得出相同结论。购物方便、价格合理、服务优质、商品丰富在各种情况下都是他们最重视的要素。很难想象在什么样的购物环境里他们的回答会有很大不同。然而，我和同事仍然如获至宝一样认真研究着相伴的排名和统计数据。

在我们成为重要零售连锁店的销售部高级职员时，这类信息已失去了吸引力。例如，有家公司销售儿童名牌玩具、运动器材、家具、电子产品和其他日用商品，其他许多全国性的连锁店也销售同样的商品。顾客有很大的选择范围。欲使这家公司脱颖而出，需要制定明确的发展计划。在一次战略规划研讨会上，有人提出要开展一次调查，将其结果作为电台广告新型促销活动的依据。我们多次收到过色彩艳丽、设计精美的报告，其内容是强调定价的重要性。但是报告中却几乎没有真正提及什么是实惠的价格。

如果不清楚地了解顾客心中的敏感之处，又怎能从情绪上吸引他们呢？三番五次地强调价格在整个购物过程中起着重要作用，已没有什么新意。这是一个教科书式的实例，反映出各类公司在没有获得真相时如何被迫从已掌握的情况中大胆地提出自己的假设。当时没有足够的信息可授权广告公司进一步采取行动。顾客所说的实惠价格指的是什么？他们的观点以什么为依据呢？

实惠价格是否意味着商店经常降价出售商品？是否意味着他们的甩卖商品价格最低？难道意味着也许顾客不知道每件商品的价格，却使商店方面信心满满地认为购买同样的商品肯定比别处便宜？难道顾客心里有一份最易识别，或经常购买的商品清单，希望商店里出售的这些商品价格最低？难道顾客想要每天都能享受到低价，而不是等待大甩卖？难道顾客容易受到店内促销招数的影响，比如摆出一个广告牌，上面用很大的数字标出商品价格，暗示买了划算？

不要被准确信息所误导

> "犯错误的可能性大于行事正确的可能性……"

在上述问题得到回答之前，那家公司处境荒唐可笑，有可能受到准确信息的误导。如果他们盲目地试图从已知信息中匆忙提出自己的假设，他们很有可能犯下错误。犯下大错的代价包括广告投入多却不见成效，未能实现同高工资挂钩的预期销售额，最终削价出售商品。另外还包括零售空间缩小，在原有存货处理完之前缺乏进货资金。

调查：洗衣房清单综合征

定量调查的另一个缺点我们称为"洗衣房清单综合征"（the laundry list syndrome）。每当应该问的问题中牵扯到太多人或太多因素时，就出现了这种综合征。它总会引出一大堆问题，其中许多问题毫无意义。给出的答案也许值得关注，但未必切实可行。

一回想起琳达当年担任一个地域性芭蕾舞剧团董事的那段经历时，我们仍然觉得好笑。当时那个剧团的收入日益减少，观众人数不如前几个演出季节。所以剧团决定对前三年的观众和剧票认购者展开调查。考虑到琳达的专业背景，董事会要求她协助销售团队设计调查问卷，展开调查活动。

那次调查完全体现出洗衣房清单综合征的内在含义。每一个能想到的问题都包罗了进去。如今依然让人记忆犹新的一个问题还牵扯到临时保姆。从前的观众被问道：如果找临时保姆有困难，他们是否就不来观看芭蕾舞了？假如回答是肯定的，难道剧团销售团队还要为每一个观众找临时保姆不成？假如答案是否定的，问这个问题又有什么意义呢？看起来唯一的理由就是要面面俱到，无论提问多么不相干；同样有可能的是要把一个问题搪塞过去。在城里举行的文化活动并不是每一次观众人数都在下降。其他观众的大多数人当中还包括许多为人父母者。因此，事实有时会变得危险，从而掩盖住真实的原因。这家芭蕾舞团需要的不仅仅是答案，他们也需要真知灼见。

> "只要调查方法同目标不相符，事实真相仍然扑朔迷离。"

无论调查是在网上展开，还是通过亲自见面、通过手机、电子邮件等形式展开，经常无法破解答案的内在含义是什么。接受调查的个人对一个问题的看法也许同你们公司的意愿相左。结果怎样？即使对他们来说有更重要的事情需要考虑，他们也会从给出的多个回答选项中尽心地选出答案。开放式问题如果不受益于随后的讨论和解释，只能成为过于简单化的统计结果。基本的问题是，调查不提供各种问题需要的具体情境。定量研究只同计数测量相关，并不分析解释人们所说的内容。只要调查方法同目标不相符，事实真相仍然扑朔迷离。

下面各例反映出当年我们发现定量研究法适用的情况以及同目标不符的情况。

定量研究法适用的情况：

- 想要统计准确的计数结果时。
- 需要证实客观数据时；正在测量的对象毫无歧义。
- 已经发现一个问题，想要确定问题的严重程度。
- 想要对各种基准进行比较时。

定量研究法不适用的情况：

- 目前没有对涉及多层面的题目展开研究。
- 需要确定自己正在探索恰当的问题。
- 需要剖析、解释复杂问题。
- 需要深入探究隐藏的原因和动机，以获得明察秋毫的洞见。

传统的定性研究：焦点小组

　　定性研究更有助于深入探讨各种观点、动机、行为与感情。在很长时间里，焦点小组（focus groups）被公认为是探究思想行为模式的最佳形式。焦点小组通常由具有符合目标人群特点的 8 ~ 10 人组成。他们在一个训练的主持人指导下，在 90 分钟至两个小时的时间里专门讨论一个话题。视具体情况而定，可以告诉焦点小组成员谁在负责主持这项研究，也可以秘而不宣，以避免先入为主，产生偏见。

　　与定量调查不同，焦点小组提供了亲自观察参与调查的人说什么、做什么的机会。可以观察研究他们的肢体语言，倾听发言者亲自讲出的话语。这听上去是不错。要是焦点小组更加可靠就好了。当年对于联邦百货商店（现为梅西百货商店）的超型市场部来说，焦点小组表现得并非一直可靠。这个部门是这家全国性重要销售大公司的分公司，销售额可达数十亿美元。这家折扣连锁店35%至40%的销售额来自男装、女装和儿童服装。无论这家分公司的服装销售额是多少，有一种情况开始显现出来：那些被确认为顾客并参加焦点小组的女士否认自己从这家商店里买过服装。她们不想承认自己从折扣连锁店里买过服装，因为她们感到难堪。她们在别人面前不想说实话。也许关系到自尊心，也许关系到来自同辈人的压力。无论原因是什么，总之她们没有如实地回答问题。

当主持人接到指示提出一系列具体问题进一步询问时，大多数女士最终承认以前在那家商店里买过一些服装。她们的坦诚态度取决于能否认为自己是精明的购物者，是否觉得承认这样的事实就等于有些尴尬地表白了自己的社会地位。她们零零碎碎地承认了以前的事实，很少出于自愿。只是在主持人的一再追问下，她们才说了实话。

最后，她们大多数人承认自己的确从那家商店里为自己的孩子购买过服装。毕竟孩子们长得快，衣服换得也比她们快。购买昂贵的儿童服装不划算。另外她们还为自己的丈夫购买过名牌内衣内裤。为什么呢？同样的商品在别处买的话，价格会更高一些。如果她们已经进了商店的话，也许还会为自己挑选一些连裤袜或一条牛仔裤在家里穿。

这些人可真不愿意透露实情！这家公司能卖出多少服装很容易查清，所以如果参加调查的焦点小组成员不说实话，也容易被看出来。但是在没有参照信息的情况下，又怎能看出这些女士言行不一，说一套信一套的真实情况呢？显然是不可能的。

实验室综合征

还有一种困境，我们称之为"实验室综合征"。也许某家公司正在开发一种新产品，或者正在从几种不同的广告活动中确定一种广告活动，或者正在研究是否可以推出一种新的服务。当一切尚处于策划阶段时，可以召集焦点小组成员以获得顾客反馈意见。

让一群人花费几小时的时间只思考你们公司的问题，还有比这更好的事情吗？问题正出在这里。在现实世界里，没有人去思考一个这样凭空提出来的问题。人们不会花费数小时，只需几分钟，有时是几秒钟的时间就作出一个仓促的决定。他们这样做的理由常常同他们在焦点小组里的发言无关。作家马尔科姆·格拉德威尔（Malcolm Gladwell）在谈到这种困境时写道："让别人解释他们自己的行为和意图在心理上不可能做到，而且还会使他们偏向于保守，偏向于已知，排斥未知的事物。"

焦点小组成员是花钱雇来参加调查活动的，他们觉得有义务参加讨论。但是他们所讲的内容同他们在家里或工作中受到日常干扰时作出的反应没多大关系。他们只是感到不得不去填补空白，因为别人花钱把他们雇来就是为了连续数小时不停地思考问题。

好几年前，一家广告代理商安排一系列焦点小组讨论活动，以试探一下众人对三个不同的电视广告作何反应，然后再确定市场营销活动的方向。这家广告代理商没有花钱实际制作电视广告，只是把几种创意选择方案显示在大型白色情节串连图板上。每一幅广告画面都作为实例演示出来，还配有同画面有关的对话内容。电视广告画面一幅又一幅演示完毕后，又提出来一系列问题。

参与调查的受试者从情节串连图板上获得的信息是否同广告代理商要传递的信息相一致？这种信息对焦点小组成员个人重要吗？为什么？这个电视广告讨人喜欢吗？假设所传递的信息被视为同广告主题相关，它是否被视为可靠，出自进行测试的哪家广告商？

表面上这些看上去都是极为合理明智的目标。但是多年来参加策划那些既增加销售额，又摘得创意奖的商业广告的工作经验却表明实际情况正相反。运用焦点小组的形式来测验商业广告效果是剔除让观众反感内容的好方法。焦点小组是一种除掉不宜内容的有效过滤形式，但是却很少能充分地看出哪些要素可以发挥有效作用。有一种解释是方法本身有问题。

大多数人难以从静态的演示画面颇有创造性地跨越到实际电视广告上去。他们尽力去想象出制作完成的广告会是什么样，然而别人却根本无法知道他们在想象着什么样的画面。在无法确定观众和广告商具有相同创意眼光的情况下，决策便缺乏依据。

在焦点小组活动期间，我们断定创意要旨得到了理解。但是在获取有关情节串连图板展示内容的反馈意见方面，焦点小组成员的回答虽然非常有趣，却无任何帮助。其中有一个情节串连图板上出现了一个游戏板，周围是一些图标。有一位敢讲敢说的焦点小组成员声称，那些图标看上去像魔鬼，并且很快又劝别人相信他们当中有个魔鬼。接下来众人对那个情节串连图板给了差评，表示不喜欢上面的平面造型设计。

有关图标像魔鬼的反馈意见难道不仅仅反映了一个事实？它是否揭示出体现着真知灼见的深层情绪触点？如果此说成立，那又是什么呢？难道它只是有说服力的个人观点被易受影响的调查参与者重复讲述了一遍？他们是否以广告专家的姿态，而不是以目标观众的身份对广告作出判断？如果是这样，他们的反馈意见会对决策产生什么影响呢？着实令人感到困惑。

后来大家决定忽略其他广告创意，重点放在"魔鬼"广告上。结果证明这是一个正确的决定。那个电视广告使销售额增加了15%，广告代理商也荣获了大奖。幸运的是，每个人都把控住了焦点小组的局限性。如果忽略了这种调查方法中固有的一个明显缺陷，那个电视广告就会遭到拒绝，那家公司的销售额也不会大幅度增加。

同辈压力

来自同辈人的压力的重要性怎么强调都不过分。焦点小组的态势氛围会影响那些在场的人所表达的观点，影响他们对自身经历的讲述。在玩具广告那个案例中，一位很霸气的女士左右着场面。她坚持认为广告里的图标好像魔鬼，因此效果不好。她凭着自己的坚韧意志动员别人也支持她的观点。即使他们不同意，在那种公共讨论的场合下他们也不想驳她的面子。

女性与同辈压力

那家折扣连锁店组织的焦点小组女性成员没有实话实说，原因各不相同。她们不想表明自己没钱在百货商店或专卖店里购物。她们并不为撒谎而担心。虽然她们是别人花钱雇来说真话的，这也不算什么事儿。如果在保住脸面和承认自己在折扣连锁店里购过物这两者之间进行选择，她们每次都会选择保持脸面。

男性与同辈压力

男性同样受到同辈压力的影响。一个典型的案例是为上述那家折扣连锁店安排成立的几个男性焦点小组。其目的是更好地了解男性顾客如何购物，哪些因素能吸引他们在店里停留更长时间，如何鼓励他们多买些东西。有一次小组讨论开场非常不错，气氛热烈。大家兴致很高，都在开心地吃着自助晚餐。似乎每个人都愿意参与谈话。甚至有几个人说起了自己的购物习惯。

接下来一切都变了。有一位小组成员趾高气扬地宣称：“男人不逛商场，只买东西！”他对整个讨论主题内容冷嘲热讽，大家闻听此言都笑了起来。但是在那一刻，室内现场气氛来了一个180度的大转变。这个小组成员突然对于自己讨论上述话题感到有些难为情，欠考虑。继有人带头发言之后，其余的人则努力使自己的回答显得让别人可以接受，而不是透露实情。坦诚被幽默所替代，用沉默或犹豫不决来表示不同意。第一位发言者的观点却常常被误解为大家都表示赞同。这会导致对其他小组成员思想观点的曲解。

2005年11月出版的一期《商业周刊》刊登了一篇题为《该死的焦点小组》的文章，提供了"大男子气概"在发挥作用的另一番写照。这篇文章讲述了2003年美国在线遇到的一种情况。当时这家公司观察到，一些男士在焦点小组里愿意透露的事情同这家公司通过电子邮件收到的关于垃圾邮件的投诉之间存在着相脱节的情况。结果证明，同其他人处在一个房间里时，男士们拒不承认没有完全掌握自己使用的笔记本电脑。

公司老板与同辈压力

同辈压力并不局限于消费者。在一家客户的要求下，我们同一些中小型公司的老板们举行了几次持续一天的研讨会。其目的是深入了解他们如何选择供应商，他们对供应商有何要求，更换合作方时需要做些什么。

会上的发言经过深思熟虑，涉及的内容很广。他们重点讨论了信用证条款，谈到了经商难易程度和库存比例等问题。他们对交货次数很重视，总共列举了八个关键要素。那家客户接下来将与会人员强调的许多做法付诸实施，结果却没有使生意有所增加。

原因何在？因为没有人愿意说出事情真相，没有人公开表明他们对那家公司是否有能力按照许诺的那样发货持保留态度。他们只是杜撰了一些说得过去、可以接受的答复。他们的发言分毫不差，但是缺乏诚意，毫无帮助。

那一次，同辈压力与实验室综合征结合在一起又产生了影响。焦点小组连续几个小时心无旁骛，思想集中，一心要做出贡献，感到有义务为客户提出一些改进措施。他们也许在思想认识方面达成了一致，但却没有展现他们真正的情绪触点。难以增加销售额的深层原因是，公司老板不相信那家客户拥有兑现承诺所需的足够资源或个人能力。每个与会人员在私下里均承认这一点，但是在焦点小组里却心照不宣。

他们无意之中破坏了研讨活动。他们希望能对客户有所帮助，不必说一些诋毁的话语。那些公司老板相互间并不了解。他们担心出席研讨会的人会把他们说过的内容透露出去。结果他们花了数小时时间提出的建议毫无效用。他们仅仅是纸上谈兵，从未触及可以改变自身行为的情绪触点。

时间的错觉

> "到了最后，所有反馈意见一面倒地反映出强势人士的看法。"

对于焦点小组的其他担心也开始出现了。尽管焦点小组被宣传为详细探讨问题的有效途径，计算结果并不支持这种说法。假设 10 个人有 90 分钟的开会讨论时间，向他们提出 3 个问题。这相当于每人回答每个问题的时间只有 3 分钟。用任何标准来衡量，时间都很少。更糟糕的是，并非每个小组成员都平等地参与讨论。有些人慑于同辈压力，从来不表明自己的真实想法，也不讲述自己的实际所作所为。到了最后，所有反馈意见则一面倒地反映出小组中强势人物的看法。

在线焦点小组

在线焦点小组对我们来说更成问题。最初采用这种形式时，在线焦点小组看上去很有吸引力，因为这是一种让许多不同地方的小组成员会聚一起的高科技手段。每个人都通过聊天室登录互联网，由一名远方的主持人把大家联系在一起。主持人输入问题，参与讨论的小组成员输入答案。速度快，费用低。小组成员来自各个不同的地区。只有一个不足：效果不好。遗憾的是，其讨论结果价值有限。在线焦点小组这种形式无法使人进行目光接触、观察肢体语言，小组成员也不能直接互动交流。因此，能否准确地评估坦诚态度，能否对在线回复进行恰当的阐释存在着争议。由于在线主持人无法展示产品、分发样品，消费品公司进一步受到了不良影响。书面回复比口头回复简短。在整个小组讨论过程中不可避免地需要对回复进行编辑整理。书写能力差一些的在线焦点小组成员输入的回复完整性、准确性均不及口头回复。最后证明，在线焦点小组是一种混合讨论方法，也许其最合适的名称是采用开放式问题的集体调查法。

决定何时采用焦点小组这种形式

在有些情况下，适合采用焦点小组这种形式。如同定量研究一样，问题不在于方法本身，而在于如何运用。小组讨论的价值完全取决于研究目标。有时焦点小组能很好地发挥作用；有时焦点小组对于现实目标作用不大。以下各例说明焦点小组何时有帮助，何时无效。

焦点小组适用的情况：

- 想要听取有关策略性问题的实用建议，比如怎样降低成本，改进一个常用系统或程序。
- 想要派送样品，展示产品，或者立刻获得反馈意见。
- 想要将焦点小组用作一种有创造性的集思广益，即构思研讨会的方式。

焦点小组不适用的情况：

- 需要了解复杂的问题。
- 需要探讨个人价值观和信仰。
- 需要了解在没有同辈压力下的环境里哪些因素会影响具体行动。
- 需要获得无助于小组讨论的敏感信息。

传统的定性研究：深度采访

随着我们对焦点小组的怀疑态度变得日益明显，它的各种局限性也不断地暴露出来。这种小组讨论的直接即时性给人留下真实情况正在被揭示出来的假象，然而具体真相仍然扑朔迷离。这时我们开始把每一次深度采访均用作一种补充调查手段。

不同情况需要采用不同的方法。深度采访尤其适用于了解复杂情况，揭示重要情绪触点，为宏观规划提供依据。如果运用得当，深度采访这种形式有助于各类公司发现一些他们从未想到会出现的问题，使他们更加深入细致地理解这些问题。深度采访没有困扰焦点小组的那些限制因素，因此为私人空间的交流互动提供了大为丰富的机会。由于益处不少，人们很容易以为所有的深度采访都是一样的。其实不然。深度采访既包括十分钟的电话交谈，也包括面对面持续一小时的采访活动。有时用一份根据一整套预先确定的话题编写的讨论指南替代调查问卷。在另外一些情况下，采访活动没有经过周密安排。深度采访的价值取决于组织安排、时间长度和采访形式。

组织安排

有人反复对我们说，深度采访的一个很大优点是可以通过电话展开。没错，但是这种想法很可怕。有人在电话另一端讲话，与坐在同一个房间里交谈毕竟不一样。如果被采访者在电话另一端受到周围环境干扰，更难以吸引他们的兴趣。电话交谈往往比较简短，有时会突然结束。由于无法使人观察到肢体语言，电话交谈便缺少一个解释环节。

"人种志研究"这个术语指的是在个人家里或办公室里展开的采访活动。这种研究方法的基本理念是，在被采访者自己的环境里采访他们可以深入了解有关情况，因为这样能够观察到在电话交谈过程中看不见的行为、环境和肢体语言。这种方法最适合消费品公司，有助于他们了解执行任务或使用产品的有关情况，他们从中了解到的真实情况便形成了未来产品研发举措的依据。人种志研究法日益受到消费品公司的欢迎，也使得当面采访活动得到更多的支持。

时间长度

面对面交流的持续时间也决定着它是否可以成为一次合格的深度采访活动。有时持续10至20分钟的谈话被错误地视为深度采访。这些谈话也许是采访，但肯定不是深度采访。短暂的面对面交流有助于从专家那里核实情况，或者得到一些翔实的答复。但是短暂的采访由于时间不充裕，无法探讨更复杂的问题。

采访形式

传统的深度采访形式离不开包括具体而直接提问的讨论指南。无论所提问题是否为开放式的，我们了解到如果严格遵守讨论指南，就会削弱深度采访的优势，因为那会妨碍比较自由的交流。如果采访本身对于话题及其讨论方面都有严格规定，最终得到的只是答案，不是真知灼见。如果采访者因经验不足，或因有所偏颇而死守预先安排的套路中规中矩，深度采访就会陷入上述困境。这样的捷径使一些重要问题得不到探讨，缺乏精细处理，也发现不了各种情绪触点。整个交谈过程会受到采访者，而不是被采访者所认为的相关内容的影响，失之偏颇。

错误的假设，肤浅的解决方案

多年来，一家举足轻重的电信公司在突破性的技术方面一直处于领先地位。他们以其卓越的工程应用技术获得业内的广泛认可和高度尊重。但是渐渐地，他们不再对曾经为他们赢得卓越与创造声誉的核心技术产品进行推陈出新。这家公司的高级主管人员遇到了挫折，这些才华横溢的专业人员为何失去了创新优势？

为了回答那个问题，他们专门从外面请来一家公司对具有代表性的重要员工开展了一系列深度的私人采访。但是采访者并没有从零开始，而是采用了一种狭隘方法。他们提出了一些有人事先断定最能体现出创造性特点的问题，尤其是他们重视关注外部环境、感觉刺激和工作氛围。

根据对这些非常具体的问题所作的回答，工程师们显然缺乏可以凝聚在一起进行思考的安静场所。这家电信公司被告知，他们需要建立几个构思创意中心，里面配备紧包身体的椅子、玩具、图书，在那里开展智力游戏，张贴海报，还可以欣赏音乐。那里的氛围没有压力，使人觉得舒适，可以产生丰富的感觉刺激，启发智力。据说这样能够激发工程师们的创造力。因此这家电信公司紧接着建立了许多构思创意中心。但是很少有工程师利用这些构思创意中心。更使人沮丧的是，没有发生任何变化，仍然缺乏令人振奋的创意。

构思创意中心失败后，我们被请去帮助公司管理层搞清楚如何使公司员工重新焕发出创新精神，恢复公司原来的前沿优势声望。显而易见，首先应该更好地了解公司员工为何垂头丧气，热情不高。于是我们在整个公司里重新开展了一轮深度采访调查活动。

我们的深度采访表明，多年来严格削减成本，以及严厉推行的管制措施而形成的企业文化明显体现出官僚主义作风，体现出沾沾自喜，甚至还有担惊受怕的精神状态。有了新想法得不到奖励，平时强调按时完成工作任务，不超出预算。循规蹈矩受表扬，否则便遭到惩罚。无论多少玩具也无法提振员工士气。公司员工们觉得他们是在苟延残喘地活着，几乎没有兴趣思考面向未来的产品。

通过他们讲述的情况，我们了解到一个曾经充满热情、令人振奋的环境发生了怎样的变化。他们的工作变得平淡无奇，自己又缺乏灵感。激发创造力的关键不在于环境，不在于房间里安排多少休闲娱乐活动。它关系到更重要、更有影响的要素，那就是他们的精神。

随后的采访活动揭示出来的情况使公司管理层认识到问题的严重性，并使公司力图大刀阔斧重振创新雄风。在有关如何加强创新活动的诸多建议中，首先提出的一项是继续发扬公司已有的积极思考的企业亚文化传统。接着又为各处构思创意中心开发了一门课程，将它们由无用的游乐室变成举行研讨会、小组讨论和沟通交流的地方。最后，也是最重要的是，我们找出了那些曾经妨碍创新的政策和做法。随后我们同公司管理层开展合作，力争纠错图新。

从最初的那些深度采访活动中也可以清楚地看到这家公司已经丧失了创新精神。但是采访者们却错误地将其原因视为同外部因素有关，比如工作环境、小巧的机械和各种游戏。死板地依赖事先拟就的讨论指南是得出这种结论的问题所在。那些采访者们没有首先从更大背景下理解问题；他们已经断定哪些因素同创新活动有关，并进而根据这些因素从根本上评价公司的工作现状。他们只是在记录答案，没有努力发掘事实真相，获得真知灼见。他们未能深入探究问题的根本原因。肤浅的提问得到的是肤浅的回答，这些回答又促成了一些肤浅的解决方案。结果证明无一正确。

深度采访的优点与不足

上述电信公司的经历表明，当被采访者可以在谈话中积极主动、畅所欲言时，深度采访的效果最佳。

> **深度采访具有吸引力的原因：**
>
> - 在探究和剖析未被清楚地理解的复杂问题方面最有帮助。
> - 鼓励长时间谈话，因此可以揭示一些从前未被探讨过的微妙问题。
> - 由于摆脱了焦点小组中的同辈压力，调查结果更加可信。
> - 当讨论敏感或需要保密的问题时，一对一的谈话最适宜。
> - 在可以获得真知灼见的情况下解释各种情绪触点。

> **传统的深度采访失败的原因：**
>
> - 经周密安排，提出一些具体问题只是为了证明一个假设。
> - 体现的是另外一个人对最重要的问题或相关话题的假设，而不是被采访者的看法。
> - 针对预定话题的提问得到的是答复，不是深刻看法；这样的提问妨碍自发的交流，揭示不出真实的情绪触点。

一种新的研究形式

在分析完可以运用的所有科学方法后，我们才意识到答案一直就摆在我们面前。我们运用一系列发人深思的开放式提问进行深度采访，取得了最佳效果。那些有限的发人深思的提问鼓励客户畅所欲言。与定量调查或围绕现成讨论指南展开的深度采访不同，这种方式获得的被采访者讲述的内容更有价值，因为没有任何内在的理论左右可能出现的问题。

调查与讨论指南均建立在推测的基础上，想象出可能给出的答案，并提出一些具体问题。相反，深度采访没有任何先入为主的假设，有助于以更易理解的方式剖析复杂的问题。在这个过程中，一些事先常常没有料到的实际情况被揭示出来，为制定成功的宏观解决方案提供了依据。

这种方法已经成为我们提供咨询服务的基础。我们采用这种方法帮助客户努力看清问题，获得真知灼见，因为它可以极为有效地揭示出各种情绪触点。实践一再证明，这些情绪触点对于解决商务难题极为有效。情绪触点研究效用明显，的确是一种更好的研究方法。

情绪触点研究在实际操作中并不能轻易获得成功。它不意味着时髦的，具有附加值的机遇。它要求研究者是训练有素的专业人员，具有过硬的商务实践经验，了解如何根据在这种研究过程中揭示出的真实情况制定切实可行的有效解决方案。它要求研究实践者在富有洞察力的倾听、探索和阐释方面具有出色优势。由于这种效用明显的方法也是一种非传统的方法，所以也需要研究者在努力寻求事情真相时，抛开各类公司在商务活动中一直依靠的那些行为、信念和经验教训。

在接下来的 12 章里，我们要分析一些能够说明情绪研究新功效的个案。你会从中看到这种研究方法如何一直在帮助各种不同的公司剖析复杂问题，学习重要的新经验，利用真知灼见而不是给出的答案成功实现自己的目标。所有这些个案均为真实个案，但是由于替客户保密对我们很重要，也仍然是我们工作实践的基础，所以我们对一些细节进行了改动，以保护客户的隐私。

Why Customers
Really Buy

第二部分
在销售中应用情绪触点

第4章
刺激销售：破解销售不旺的谜团

用一块布造出七个事实比造出一种情绪要容易。

——马克·吐温

运用钟形曲线（bell curve）图表展现业绩时，大多数企业处于曲线中段。处在这个相当于"一般水平"的位置已变得岌岌可危。数年前，"一般水平"表示"牢靠稳固"，但今非昔比。如今它意味着亮起红灯，警示危险正在临近。"一般水平"的字面解释是"正常"或"典型"。然而其内涵意义并非如此，与现实很少相符。如果"一般水平"的含义是"平庸"，那么平庸的企业最终往往要被淘汰出局。此处要说的一家公司曾经处于这样的困境。尽管其销售额整体上还不错，但在利润最大的产品种类中连续多次没实现预期目标。由于他们未能刺激这类产品销售额进一步增加，使利润增长从根本上受到了限制。后来情绪触点研究破解了上述类别产品销售不旺的谜团，为扭转局面提供了所需的真知灼见。

案例 1

> 接受信息的具体情境会对人的观点和行动产生影响。

一个难以忽视的真相

汽车售后市场行业中有一家全国知名的公司专门为商界和消费者提供汽车零配件和相关服务。一般来说,其销售业绩还不错。但是无论这家公司如何积极地推销各种优质自主品牌轮胎,仍无法唤起客户的很大热情。

这家公司的管理人员无法理解他们提供的自主品牌轮胎为何受到如此抵触。这完全是一个谜。他们掌握的全部"事实"均表明销售业绩可以做得更好。让他们难以接受的是,现实情况竟同他们掌握的无可辩驳的"事实"蛮不讲理地作对。在绝望中,他们决定通过情绪触点研究搞清楚为什么消费者不愿意购买上述轮胎。

不可思议的组合匹配:轮胎与情绪

许多人可能认为购买轮胎的决定非常单调呆板,极为适合定量调查。毕竟,还有什么事情比购买轮胎更缺乏情绪色彩呢?我们一开始也这样认为。但是我们错了。如果你的思路与我们一样,你也错了。

实际情况

上面提到的汽车售后市场上大量自主品牌轮胎是由业内一家受人尊敬的公司制造的。当时在这家公司开展的多次测试证明，他们制造的轮胎性能同其他可比的公认品牌一样好，有时还更胜一筹。此外，他们制造的轮胎比国内同等品牌轮胎定价低20%至30%。公司管理人员认为，有利的测试结果加上价格优惠省钱，一定能使他们的轮胎成为客户的首选轮胎。他们还坚信，由于他们的轮胎在性能上同国内认可的品牌轮胎不相上下，价格差异会使他们脱颖而出，备受欢迎。多年来，那是他们所有营销工作的主要推动力。

> "他们坚信……价格差异将会使他们脱颖而出，备受欢迎。"

他们不明白为什么轮胎的销售没有增加。大家都认为问题出在广告和销售部门：有人并未大力宣传所售轮胎的各种优点；广告设计还不够打动人；可比的优惠程度还不够明显；销售团队的说服力还不够强；也许他们的培训活动也不够好；也许客户只是感到迷惑不解，属于个人爱好问题。

价格，价格，还是价格

在某种程度上，公司管理人员对定价的看法是正确的。确实有一些对价格很在意的客户一直都想寻找"划算"的购物机会，吸引这些客户并不难。然而他们的数量不多。更为不妙的是，他们是让公司赚钱最少的客户群体。仅仅强调价格并没有使公司实现全面增加轮胎销售额的主要目标。他们仍然把销售的轮胎种类限定在自主品牌轮胎上，因为这种轮胎比全国性的品牌利润更高。不过显而易见，必须要改变现状了。

公司管理人员把价格视为一种绝对有效的手段。其实不然。实际上很少有客户说他们在别处购买轮胎是因为价格便宜。这家公司孤注一掷，打错了算盘。情绪触点研究表明，这家公司所做的假定同客户所看重的方面差距很大。当客户相信所有其他方面都一样时，价格才能成为起决定作用的购买因素。否则，他们会选择完全符合自己要求的产品。价格不是一个孤立的问题。

内心安宁更无价！

大多数客户虽然未必钟情于特定品牌，但是对于品牌肯定非常重视。在理解层面上，参与上述采访活动的客户均将名牌同优质联系在一起。但是情绪触点关系到更加真实、更加发自肺腑的内心情愫；关系到对内心安宁的无形向往。客户认为，全国知名品牌产品的重要生产商讲信誉，名声好，产品安全可靠。对于他们来说，"熟悉"就意味着"可靠"，而陌生的产品则使他们感到心里紧张。

这些客户理解自主品牌商品的概念。他们大多数人经常不假思索地购买商店贴着商标的服装、食品杂货和家居用品。但是要说起上述那家公司销售的自主品牌轮胎，他们就没那么随意了。一个错误的购物决定有可能危及他们自己或家人的安全。因此，他们拒绝购买这样的轮胎。在他们看来，这种轮胎没有经过检验，不保险。他们对这种轮胎了解得也不多。

对于上述那家从事汽车售后市场销售业务的公司而言，对他们增加销售额影响最大的情绪触点莫过于内心的安宁，这比其余的方面都重要。在当地百货商店里购买一份自主品牌的桃罐头和一件短袖汗衫是一回事，使自己或家人，尤其是自己的孩子置于危险的境地又是一回事，这两者差别很大。车祸经常使人受伤，甚至使人丧生。这个风险太大。客户的所见所闻都不能使他们放下心来。另外还有一个因素，这就是消极的情绪触点——怀疑态度。它对于寻求内心安宁的心愿具有同样强烈的抵触作用。

要想使客户对上述自主品牌轮胎放心，只凭动人的广告词、抢眼的产品说明或广告本身还不够。客户要求获得具有相关背景的信息。他们不相信由制造商本身主持的检测结果。他们需要第三方的保证，把上述自主品牌轮胎同全国性的主要品牌轮胎进行具体比较，并证明其性能和安全程度同样可靠。他们只相信由独立合法的检测机构提供的确凿"证据"。

先前的研究多次记录了客户对于购买自主品牌轮胎所表现的抵触情况。定量研究一律在统计数据和排名评定的框架内展开。焦点小组也同样没有多大帮助。虽然列举出各种原因，但始终缺乏"有实用价值"的看法。

情绪触点研究驳斥了如下观点，即购买轮胎是一种纯客观的购物决定，主要依据是降幅最大的价格，生产厂家的检测结果，或者效果最佳的广告。实际上购买轮胎是一个具有强烈情绪色彩的问题，以内心安宁为重点。如果不能满足这个需要，就不会真正有机会增加轮胎销量。

每一个重要的情绪触点都明显地体现出一个强烈的情绪需要。

情绪触点	情绪触点体现出的客户需要
具体需要	• 首先客户需要得到内心的安宁。他们绝不会将自身安全，或更重要的是家人的安全托付给他们认为不可靠的汽车轮胎。劣质轮胎的行车风险太大。 • 客户需要通过确凿证据获得的必要保证。他们需要知道影响自己购买轮胎决定的机构不会从自己的购买决定中获得任何好处。他们相信把他们的切身利益放在心上的机构。 • 客户需要能够相信广告或宣传对他们所讲的话都是真话。如果他们心里没底，那么不了解的情况就太可怕了。

应对措施

寻求内心安宁的需要被揭示出来以后，就可以越过仅仅是准确的信息，重点关注真实情况。这使得上述那家从事汽车售后市场服务的公司放弃了根据内部意见或对"事实"的错误理解而制定的解决方案。接下来他们便转而注重关注对消费者而言最重要的事情。

> "关键是要聘请一家客户既熟悉又信任，受人尊敬的独立检测机构。"

一个获胜策略要求证明自主品牌轮胎的质量和性能同国内知名品牌的轮胎一样好。关键是要聘请一家客户既熟悉又信任，受人尊敬的独立检测机构。当这家检测机构确认自主品牌轮胎同全国名牌轮胎一样好时，就会弥补原来缺失的可信度因素。这就是公司需要的"公证"支持，借此可以进一步增加销售额，有针对性地开展大张旗鼓的经营销售活动。在每一次同客户的接触中，检测结果都起到安慰客户、使他们内心安宁的"定心丸"作用。

了解到事实真相后，各种解决方案立刻便涌现出来。利用广告公布那家检测机构的名称和检测结果，其中包括同每一个国内知名品牌在性能和质量方面的比较结果。在相关销售材料中突出强调那家检测机构的资质，宣传有利的检测结果。培训销售团队，使他们懂得如何宣传自主品牌轮胎的特点和优点，如何在涉及最重要情绪触点时详细说明检测结果。最后，将检测机构发现的情况上传到公司网站的显要位置上。

情绪触点研究开辟了一条通向获利更加丰厚的未来之路。它说明客户的价值观并非抽象客观，而是带有很强的主观色彩。虽然业内一般情况下认为价格与性能是客户主要考虑的要素，但实际上，他们的情绪触点才最值得信赖，也是外在的确认因素。看法的形成和所采取的行动均以接受信息的具体情境为依据。

回顾总结

当时的形势

国内汽车售后市场行业中，一家为消费者提供零配件和相关服务的著名公司只取得了一般的业绩。由于无法刺激最赚钱商品的销售，因而从根本上限制了公司净利润的增长。他们经销的自主品牌轮胎由一家受人尊敬的公司制造，多年来一直没有达到预期销售额。

生产厂商的检测结果显示，那些自主品牌轮胎的性能和质量同国内名牌轮胎不相上下，但销售量却少了20%至30%。经销公司认为价格差异是他们的竞争优势，并使之成为他们营销活动的焦点。促销价格只赢得了一些爱买便宜货的人，利润极低，根本无助于提高整体销售额。后来针对从未购买自主品牌轮胎的客户展开了一次情绪触点研究活动，目的是了解他们不购买此类轮胎的原因。

客户的情绪触点

大多数客户对轮胎的特点并不了解，但在安全问题上需要得到相应的保证。如果买错轮胎，就会有车祸风险，他们对此感到害怕。他们需要相信得到的信息以及提供信息的检测机构。

真实情况

客户认为轮胎生产厂商的检测结果被他们的自身利益蒙上了阴影。客户购买轮胎时，首先考虑的是家人安全问题。由于使用劣质轮胎行车后果严重，价格不是唯一的决定因素。营销策略必须顾及内心安宁这一问题。

解决方案

内心安宁这个情绪触点破解了自主品牌轮胎销售不旺这个谜团。最终制定的解决方案是聘请一家名声卓著的独立检测机构，使其充分证明上述自主品牌轮胎在质量和性能上同国内名牌轮胎不相上下。这正是上述那家公司所需要的公正而可靠的支持。一旦拥有了合法证据，调查结果便为启动颇有声势的广告、营销和销售活动提供了强大动力。

第 5 章
赢得新客户：彻底改变销售团队

人体长有一双耳朵，一张嘴。要想擅长说服别人，擅长销售，必须适当运用这些天生的器官。

——汤姆·霍普金斯

有时一家公司的最大敌人就是自己。竞争对手倒不是难题。相反，所有的障碍都是自己造成的。这就是西南部一家数据存储公司的亲身经历。卡特里娜飓风过后，这家公司提供了非常及时的服务。他们一流的销售团队轻而易举地敲开了许多有强烈保护敏感数据意识的公司大门，但是他们未能赢得许多新客户。情绪触点研究揭示出了他们的销售方法中存在的致命缺陷，向他们点明问题所在，彻底改变了他们的工作面貌。

案例 2

> 重点关注客户想要什么，而不是你希望他们想要什么。

瞄准目标

打算存储电子数据的公司有三种选择。他们可以把电子数据存储在本公司大楼里的一个安全地方，也可以选择将其存储在别处，算是增加了一个安全防范措施；还可以上述两种方式并用。无论他们决定怎样做，保护重要信息的需要对于数据存储公司来说就是一种日益增长的机遇。有位精明的企业家意识到外界对这种专业服务的需要越来越大，于是决定打进这个竞争非常激烈的商业领域。

这位公司总裁满怀热情地一步步采取必要措施，以确保公司获得成功。他首先雇用了一个有事业心的年轻销售团队，对这些招聘来的聪明新员工开展说服性销售业务培训。又购置了一流的新设备。一切似乎已经准备到位。

紧接着，一场突如其来的灾难事件将他的服务团队推到了整个地区极为举足轻重的位置上。卡特里娜飓风过后，有些公司丢失了重要数据，损失惨重。有的公司闻听其他公司遭到损失感到心神不安。他们全都心急火燎地要保护好重要信息。从一场可怕的悲剧中突然产生的异地存储数据的需求大幅度增加。信息存储部门的主管面临着来自公司高层的巨大压力，务必保证公司重要数据的安全……越快越好。接下来市场上出现的情况是上述那位公司总裁做梦也想不到的。

出乎意料的结果

鉴于当时的情况，数据存储公司的老板自然期望公司业务获得迅猛发展。然而结果却出现了缓慢增长的局面。究竟发生了什么事情？这位公司总裁感到困惑不已，非常苦恼。潜在的客户排队同他的销售团队进行谈判。整个城里的房门几乎都被推开了,竞争对手获得了突飞猛进的发展。但是这家刚创办的数据存储公司的业务成交率却极低。

前面说过,这家公司的设备一流,所处地点也方便,公司上下都抱着一种积极有为的工作态度。销售团队在大家看来也是实力不俗。销售材料内容贴切,很吸引人。最重要的是,他们提供一种大家都需要的专业服务。照理说他们的生意应该更好,好得多。

> "公司管理人员和销售团队千方百计猜测其中的原因。他们提出的解释纯粹是主观猜测,不能作为改变现状的合理依据。"

各公司信息主管心里明白,如果本公司的各种数据被毁坏或遭到了污染,那会是怎样一场灾难,他们都是工作热情高涨的员工。上述数据存储公司此时本应该忙得推掉一些生意,但事实上他们却遭到了拒绝。公司管理人员和销售团队千方百计猜测其中的原因:也许他们要价太高;也许他们对于那些注重技术需要和生理需要的客户来说不够重要;也许他们的知识太有限;也许他们没有充分把客户需要了解的正反两方面情况介绍清楚;也许同客户的谈话不够热烈生动。他们提出的解释纯粹是主观猜测,不能作为改变现状的合理依据。

这家刚成立不久的公司需要帮助,公司管理人员首先承认了这一点。总裁决定委托别人开展一次情绪触点研究,借此了解为何他们的生意成交率那么低,之后如何加以改进。

异口同声表达一种不满

销售团队要求见面商谈,这使得潜在客户如释重负。各地的各类公司都在寻求一种万全之策。如前所述，技术主管处境尴尬。但是无论这些潜在客户多么需要寻求解决方案，他们的发言却都同样表述了一个意见，即刚刚成立的这家数据存储公司是自己最大的敌人。

每当这家公司拜访潜在客户时，公司销售团队的一名员工和一位技术销售专家前去参加会面。销售代表动情地讲起使用他们公司专业服务的商业原因。随行的那位技术专家则负责回答具体技术问题。潜在客户一致认为，销售人员态度友好，乐于助人，执着精明。潜在客户们喜欢销售人员的举止风度，同他们在一起感到心情愉快，对他们的经商方式整体上只有正面评价。同样，他们坚信那位技术专家对问题了解透彻，知道如何着手去处理问题。到此为止，一切顺利。

一开始，在首次面谈时大家感觉比较乐观。潜在客户对未来的合作抱有很大希望。接下来，事情开始变得不妙。为什么呢？说得简短些，因为达成交易所需的时间太长了。这是什么意思呢？问得更贴切些，为何需要那么长时间呢？这家数据存储公司是如何痛失好机会，转胜为败的呢？

在深入探讨过程中，研究人员鼓励潜在客户详细讲述自己的亲身经历。他们开始异口同声地逐渐讲出在他们看来是"极其费力"地达成交易的过程。销售代表一开始概要介绍他们的数据存储公司，包括他们的专业能力和一流设备。他们向客户保证数据会得到妥善保存，并问客户是否有什么问题。按理说，旁边那位技术专家负责回答有可能遇到的任何技术问题。至少这是事先的安排，但实际上并非如此。

那位技术专家没有重点关注潜在客户的利益和他们优先考虑的事情，而是另有自己的一套安排。每当他开始讲话时，事情总是变得一团糟。他说个没完没了，完全掌控了场面。一开始他不厌其烦地大讲他们公司的技术实力；接着又长时间地说起一般性的技术问题，牵扯面比较广。客户的双眼开始变得呆滞，可是他却全然不顾，仍在忙着讲话，甚至从来不做记录。

更糟糕的是，谈话内容越是涉及技术解决方案，销售代表就越是沉默不语。他们基本上放弃了同客户牵线搭桥的联络员角色，任凭那位技术专家掌控议事内容。问题更严重的是，销售代表自动授权那位技术专家确定合作范围和随后采取的措施，并就交易提案的时间框架和可交付成果作出承诺。技术专家收集相关信息，承担起写提案的责任，然后将写完的提案直接交给潜在客户，也没让"领头的"销售代表看一眼。

各位潜在客户一遍又一遍讲述的都是相同经历。交到他们手里的提案同他们一开始所提的要求几乎毫不相干。提案涉及的范围毫无例外地比预期的大许多，也更复杂。就好比潜在客户只想买一辆雪佛兰汽车，却要给他们送来一辆凯迪拉克汽车，不管他们想不想要。收到的每一份提案上都附带着一整套华而不实的内容，没节省任何费用。对于潜在客户而言，这份提案没有任何特别令人满意的内容。

我的意思你明白吗？

太令人气愤了！潜在客户都感到沮丧。他们已经花费了大量时间明确自己的各种需要。当销售人员离开他们的办公室时，他们认为大家都清楚交易提案上都应该包含哪些内容。是谁更改了提案范围？为何没有征求大家的意见？紧接着便开始了拉锯式交涉过程。客户找到那位技术专家，要求修改提案。他们随后收到的提案又超出了他们的要求，于是他们再次打电话联系对方。后来又收到了第3份提案。也许还收到了第4份。

沮丧迅速升级为气恼，后来又变成了愤怒。他们在浪费宝贵的时间。一次又一次沟通无效，事情进展不畅，陷入困境。显然一切是那位技术专家自己的想法和偏见。他反复提交的提案是根据他认为客户应该需要什么写成的，没有考虑到客户的实际需要。有时几周过去了，来回传送了三四份修改过的提案。

最后由于这些潜在客户实在不明白为何难以沟通而感到非常气愤，于是便中断协商，把生意交给了他们的竞争对手。

情绪触点不会被误解。潜在客户异口同声地讲述着相同的经历，感受也相同。

情绪触点	情绪触点揭示出的情况
具体表现	● 他们会见了销售代表和技术专家。他们赞同交易提案的详细计划，但是那位技术专家提交的提案几乎同潜在客户的要求毫不相干。因此，他又提交了一份修改过的提案。但是这份提案仍然不符合客户讨论过的内容。接着他又分别提交了第3份和第4份修改提案。每份提案都根据上述技术专家认为应该包括的内容写成。
需要	● 他们需要迅速找到解决办法，以便向公司领导表示他们已经控制了敏感问题。 ● 他们需要重要证据，表明以他们关心的大事为主。
感觉	● 老板要求他们确保公司重要数据的安全，他们感到有压力。 ● 最初的提案没有反映出他们的需要，所以他们感到愤怒。
经历	● 他们有过非常失望的经历，因为那位技术专家浪费了他们的时间，在经过多次谈话后故意没有将他们要求看到的变化写入提案。 ● 他们经历了一个既"非常累人"，又"显得多余"的交涉过程。

错在哪里

情绪触点研究明确揭示出这家数据存储公司所面临的问题核心所在。他们忽略了自己的最终目标，没有发挥出自己的优势。销售团队负责公关联络，同新客户签订协议。随行的技术人员负责处理具体技术问题。但是销售团队任凭他们的各自角色发生颠倒，几乎放弃了所有控制权。

初次会面期间，技术专家未能提出多少探索性问题，他们也没有进行引导。当他说话漫无边际时，他们没有及时地加以阻止。他写完交易提案后，他们没有进行检查。他提交了4份修改提案，他们没有及时跟进搞清楚出现了什么问题。销售团体被他们那位技术专家的专业知识吓着了。第一次同潜在客户见面时，他们原以为他提交了提案后就可以成交。而当他未能签署协议时，他们只是被动地接受了令人失望的结果，继续寻找一个潜在客户，连头也没回。

拨乱反正

最根本的问题是，没有任何监督，没有任何内部复查措施确保销售团体事先对每一份交易提案进行研究检查，使之符合客户的要求。假如采取这样的措施，销售团队就会知道交易提案不符合工作要求。由于没有正式复审程序，销售团队常常不知道提案实际上已被修改过多少回。

公司总裁了解到问题的根源后，立刻着手加以解决。首先，他同销售团队和那位技术专家见了面。他态度坚决地重申：销售团队负责新商务的拓展工作。他们的具体工作包括组织同客户见面的活动，撰写提案，确保每一份提案符合客户的要求。整个交易由他们负责完成。技术专家只负责技术问题，提供必要的技术服务，不负责确定交易项目的范围，也不负责确定客户应该需要什么。

随后公司还引入制衡机制，确使任何提案只有在技术专家核实确认了文件中所包含的每个技术细节准确无误后才能发出。销售代表负责确保提案的每一方面，具体处理客户交代过的问题。

在实施上述变革几天之后,这家数据存储公司就签下了一个营业额为数百万美元的客户。一年内,他们便超出销售目标达30%。

情绪触点研究揭示出长期存在的组织问题。销售团队和技术销售专家对这些问题或者认识不到,或者有意忽略。但是这些隐藏的原因一旦循着由内而外的思维方式原原本本揭示出来之后,公司总裁就能够实施变革,使公司面貌焕然一新。

回顾总结

当时的形势

一位精明强干的企业家在美国西南部一座重要城市进入了竞争激烈的数据存储领域,创立了一流公司,对员工进行说服性销售业务培训。随后卡特里娜来袭,突然间客户对于异地存储数据的需求猛增。然而尽管竞争对手的业务发展迅速,他本人的公司新业务成交率仍然不高。一般情况下,这家数据存储公司派一名技术专家和一名销售代表推销新业务。销售代表负责介绍公司的服务项目,技术专家则回答客户提出的具体技术问题。各公司的信息主管承受着保护公司重要数据的巨大压力,态度都非常积极。虽然上述这家数据存储公司要求初次会面时大门都为他们敞开着,但是他们发展的新客户数量却很少。于是公司总裁委托别人展开情绪触点研究,以便了解他们的成交率为何那么低,如何加以改进。

客户的情绪触点

客户最初对销售团队印象颇佳,并确信随行的技术专家充分了解他们的各种需要。但是当技术专家进而掌控了商谈场面时，客户很快变得沮丧起来。随后他提交了好几份提案，其内容均超出了客户要求的范围。时间浪费了，没有取得任何进展，沮丧变成了愤怒。客户都面临着巨大压力，要向各自公司管理层表示一定要确保重要数据的安全。因此，他们最后选择了另一家竞争对手的专业服务。

真实情况

销售团队慑于技术专家的专业知识，放弃了对整个商谈销售过程的控制权。他们默认了自己被颠倒的角色，致使客户需要得不到满足，新生意的成交率也受到严重影响。

解决方案

销售过程主要围绕技术专家的个人主见，而不是客户需要展开的。一旦清楚地了解到这一点，纠正措施也便一目了然。公司总裁要求销售团队负责同客户的见面谈判活动，撰写提案，然后同客户达成交易。技术专家的作用只限于回答技术问题，核实确认提案中包括的具体细节的准确性。在推行变革几天之内，这家公司便签下一个营业额为数百万美元的客户。一年后，他们超出销售目标达30%。

第6章
开发新商机：从现有客户那里赢得更多的生意

有时仅仅因为看问题的角度关系而出现了某种情况。换个角度看问题后，正确的行动措施便会一目了然，问题也就不存在了。

——爱德华·德波诺

有时一家公司因客户对其产品和服务的需求受到外界因素的影响而变得财运亨通。这里要讲的就是这样一家公司的故事。他们简直就是坐在金矿上，而自己却被蒙在鼓里。情绪触点研究后来揭示出重要实情，从而使这家公司能够利用前所未有的机会，同客户接触的档次也上升到会见业内高层决策者。首席财务官将他们的服务重新定位为响应政府管理新条例，认为这些条例有助于解决他们的问题，也使他们有了更多商机。

案例3

> 一家公司的问题可以是另外一家公司的机遇。

新的商务模式

在这个故事一开始的时候，石油与天然气行业剩余设备拍卖网站的业务还处于发展初期。在五年里，其中有家网站从一个刚成立的小公司发展成为营业额达 2500 万美元的大公司。它服务的客户既有四大名牌公司，也有规模较小的全国性和地区性企业。这家公司似乎拥有无限的发展潜力。销售额朝着正确的方向发展，节节攀升。

公司总裁满怀企业家的热情，对未来感到乐观。他希望公司的业务发展更快一些。但是他也需要帮助，他需要明白如何才能最好地满足现有客户。他需要更清楚地了解在他服务的大公司里各种决策是如何作出的。他特别需要知道业内人士如何看待他的公司，他如何才能将自己提供的服务最有效地变成具有附加值的选择机会。于是，他求助于情绪触点研究来解决上述问题。

以盈利为目标

这家公司特别关注寻找新机会来发展自己的业务，因此决定会见一些掌管资金的高级主管。首席财务官自然成为不二人选。他们负责管理剩余的库存设备，而这家在线拍卖网站则是集中处理剩余设备的平台。随后这家公司派人会见了具有代表性的各家公司首席财务官，目的是了解他们的业务领域如何变化，这些变化又怎样影响到他们的工作重点，新的工作重点对于这家在线拍卖公司的总裁意味着什么。

经营活动多，监督管理少

大公司在主要设备上花费很多资金。由此来看，他们处理剩余库存设备的做法常常显得太随便了。石油与天然气设备一般情况下根据生产项目来安排采购。每个项目负责人均有自己的资金预算，管理自己的损益清单。他出钱购买自己使用的设备，而不再需要这些设备时，可以自己决定如何处理。项目团队可以自由选择如下其中任意一种处理设备方式：将设备存入仓库，将设备现场拍卖，利用在线拍卖网站将设备拍卖，或者在公司的一处用地上将设备卖掉。大公司经常缺乏统一的相关指导条例，也没有采取统一措施去追查他们处理掉的剩余设备去向。结果，许多公司对库存设备缺乏有效的管理控制。

在开展情绪触点研究之前，上述在线拍卖网站几乎没有引起首席财务官们的注意。有些人只是隐约地听说过这家网站提供的服务，但谁也没有同它直接打过交道。项目团队的下级员工，或公司用地管理人员也许在网站上出售过数量有限的设备，但那具有很大的偶然性。在整个公司范围内缺乏有效的协调行动。

风暴来临：《塞班斯法案》

后来一切都改变了。《塞班斯法案》（Sarbanes-Oxley Act），又称《2002公共公司会计改革与投资者保护法案》获得通过，成为法律，使各家首席财务官深感震惊。这项法律为美国公开上市的公司董事会管理人员和会计师事务所制定了新的，或者说更高的标准。其中有一条款特别要求公共公司对其内部管理的有效性进行评估并公之于众，因为这同财务报告有关。另外还要求首席执行官和首席财务官检查核实他们公司发布的所有财务报告内容的准确性。歪曲事件，记录不完整，或者没有服从要求都会面临着公司罚款，甚至有可能是刑事处罚。

> "……歪曲事件，记录不完整，或者没有服从要求都会面临着公司罚款，甚至有可能是刑事处罚。就这样大笔一挥，原来松懈的库存设备管理突然间变成了潜在的噩梦。"

就这样大笔一挥，原来松懈的库存设备管理突然间变成了潜在的噩梦。如果首席财务官未能解释清楚整个公司里出售或存储的剩余设备情况，他们便无法准确地汇报公司资产的总价值。如果做不到这一点，他们就违反了联邦财务公开法。从前的管理难题，如今变成了更严重棘手的事情。《塞班斯法案》引起了他们的高度重视。

淹没在法规条例的大海里

新通过的《塞班斯法案》各项要求的力度使首席财务官们有些不知所措。他们明白，如果不能在剩余设备管理问题上保持清醒头脑，有所作为，自己的工作就会岌岌可危，但是从何处下手干起呢？在许多公司里，对剩余设备的处理多年来一直没有统一的规范制度。现在最新颁布的法规力度很大，要求彻底迅速地改变库存设备的管理和跟踪监督方式。但是大公司行动缓慢，只能使得首席财务官们感到更加焦虑。他们个人所承受的压力很大，而他们所效力的公司却无法有效地应对如此迅速的变化。当他们开始讨论处理剩余设备的各种方式时，才开始认识到自己面临的问题所涉及的范围究竟有多大。

> "他们个人所承受的压力很大，而他们所效力的公司却无法有效地应对如此迅速的变化。"

大多数公司都有不少专用场地，他们在那里出售一些剩余设备。但是很少有公司采取全面跟踪措施，及时了解说明每一种已出售设备的情况。上述专用场地由"守门员"看管，但他们有时同雇主并不一条心。不诚实的看管人员还会通过出售设备中饱私囊。在当时那种情况下，监督十分松懈。由于缺乏对出售剩余设备过程的统一管理监控，首席财务官很难发现已被中饱私囊的那些资金。

现场拍卖也存在着一些问题，后勤保障就是一个麻烦事。必须把要拍卖的设备运送到实际拍卖地点，以便让潜在的买主现场查看验货。使问题变得复杂的是，也许在正式拍卖开始前设备便已出售，公司经常不知道买主是谁，付了多少钱。每一次交易均不公开。拍卖设备的项目小组收到一份交易情况概述材料，但是这份报告很少交到首席财务官手里。

首席财务官从各方面均感到了《塞班斯法案》带来的压力。达标期限已经临近。一切都是那么生疏。潜在的后果非常严重。他们效力的公司不可能像新法规要求的那样迅速改变现状。

厘清头绪

上述那家在线拍卖网站的总裁通过同各家石油与天然气公司的每一位项目经理和设备场地管理人员建立关系，开展拍卖业务。他的销售团队经常拜访这些客户，希望说服他们每当有剩余设备要处理时利用其在线拍卖网站。他的销售团队接受的训练就是销售服务，仅此而已。

级别较低的项目经理和设备场地管理人员可能并不熟悉《塞班斯法案》带来的影响。也许他们并不知道有这样的法规，或者根本就不在乎。无论如何，那不是他们关心的重点，对他们出售剩余设备的活动安排几乎没有任何影响。拍卖网站的销售团队同样不属于决策层成员。无论他们是否了解《塞班斯法案》，他们那时还没有厘清头绪，没有认识到这个法案对于他们的生意将会产生巨大影响。

由于他们重点关注的是石油与天然气公司内部的低级员工,所以没有认识到一个令人振奋的新机遇就摆在眼前。情绪触点研究揭示出他们可以通过自己的公司为每位首席财务官遇到的问题提供解决方案,以这种方式使在线拍卖网站从现有客户那里赢得更多生意。如果沟通顺畅无误,首席财务官会明白亲自同在线拍卖网站代表打交道,而不是委派下级员工前去商议工作,这样可使他们从中受益很多。

说一说运气吧!首席财务官急需对剩余设备的处理过程进行简化统一管理,他们还有权作出影响整个公司的决定。上述在线拍卖网站可能会成为主要受益者,但首先他们必须调整业务定位。

情绪触点研究揭示了《塞班斯法案》刚刚被批准升级为法律时,首席执行官对它重视的程度。他们白天为此忙个不停,到了晚上又难以入睡。他们发现自己面对着陌生的事物,不由得心潮起伏,感触强烈。

情绪触点	情绪触点揭示出的情况
感觉	• 他们感到容易受到伤害。如果不能及时掌握公司剩余设备的销售过程,他们就有可能失去自己的工作。 • 他们感到责任重大,不知所措。他们在法律上有义务解释并准确估价公司的剩余设备。但是他们不知道如何着手处理这个问题。 • 他们感到极为焦虑。他们知道个人时间有限,但公司却无法应对这种迅速变化。 • 他们感到害怕。如果不能执行《塞班斯法案》,就有可能遭到罚款或受到刑事处罚。
需要	• 他们需要看到希望。 • 他们需要得到帮助,需要切实地提高工作效率,负责好全部剩余库存设备的管理工作。

将在线拍卖网站重新定位为提供整体解决方案

在实际操作上,《塞班斯法案》向首席财务官提出了一个对时间敏感的大问题。它使个人产生了焦虑、易受伤害的感觉。公司压力与个人不安使他们比平时更能以开放的心态接受新思路和新方案。

从情绪触点研究中得出的真知灼见使在线拍卖网站为自己的生意赢得了一份独一无二的市场。原来那种不统一的销售剩余设备的方式存在着严重缺陷。首先首席财务官无法控制成本费用,无法控制已销售的设备用于做什么。其次,他们掌握不了完整的销售记录,难以准确地分析财务业绩。有关销售报告很少送到首席财务官手里。此外,即使可以准确了解每次交易的情况,从许多不同的来源收集所需信息耗资巨大。石油与天然气公司遇到的问题却成为在线拍卖网站的发展机遇,使他们能够将自己的生意确定为提供公开的整体解决方案。经过严格考察证明,在线销售剩余设备,自始至终跟踪销售过程的确简便易行,因为每一个环节均有电子记录可供所有人查看。财务往来在一处实现集中简化,可统一收取、发放资金。在获取有关报告和付款方面,大公司不再依靠项目经理、公司设备存放地点的看管人员或现场拍卖管理人员。由于设备拍卖实时进行,首席财务官可以登录在线拍卖网站,观察任何销售交易情况。他们不再需要第三方的帮助。整个拍卖过程得到简化,还可以获得合法可靠的证明文件。

瞄准首席财务官

在重新定位生意的战略上达成共识后，下一步就要提高同石油与天然气公司内部的客户接触档次。重点拜访接触对象由原来的项目经理或设备存放场地看管人员变成了首席财务官。后者有权在公司做出如何处置所有剩余库存设备的决定。

在线拍卖网站的总裁立刻开始让他的员工做好准备，直接同首席财务官开展合作。他聘请了一位研究《塞班斯法案》的权威，给整个销售团队讲解《塞班斯法案》的各条要求和影响。接着，他又留下一名专家对员工开展解决方案销售业务培训。因为他的团队以前同低级别员工打交道，所以许多人需要掌握更高级的解说与销售技能。

这位公司总裁认识到关键在于提高客户接触的档次，成功地吸引高管人员。因此他没有完全依靠培训现有的员工，而是替换了一些不称职的员工，进一步提高了那些将要拜访首席财务官的员工能力和专业知识。

所有销售与营销材料都进行了彻底修改。新的重点放在了强调石油与天然气公司需要遵守《塞班斯法案》上面。一切安排到位，销售团队立刻开始接触那些同他们有业务往来公司的首席财务官。他们要求约定好时间，一起研究拍卖网站如何提供有关《塞班斯法案》的成套解决方案。

首席财务官立刻意识到，他们当前处理剩余库存设备的方式同在线拍卖网站提供的整套解决方案公开程度之间存在着联系。他们采取的措施收到了立竿见影的喜人效果。销售额猛增。两年内这家公司销售额翻了一倍。

回顾总结

当时的形势

一家为石油与天然气公司在线拍卖剩余设备的网站，五年内从一个刚成立的公司一跃成为营业额为 2500 万美元的著名公司。这家公司的总裁对于已经取得的成绩甚感欣慰，又渴望更快地拓展业务。于是他便求助于情绪触点研究，以期发现未开发的新商机。当时石油与天然气公司在处理剩余设备方面缺乏统一管理的方法。结果交易记录经常前后不一，通常掌握在启动销售的那一方手里。后来《塞班斯法案》变成了法律。突然之间，那些有责任管理库存设备的首席财务官必须准确地上报公司资产总额，违者面临公司罚款或刑事指控。但许多首席财务官并不知道如何按照法律要求迅速改变缺乏统一管理的剩余设备处理方式。为了熟悉总体情况，这家公司针对那些负责管理公司财产的高级主管们开展了一次情绪触点研究，以便了解《塞班斯法案》正在如何改变着他们的工作领域，了解所有这些变化对于在线拍卖网站具有什么意义。

客户的情绪触点

面对法案，上述各公司高管人员完全感到束手无策。他们不知道如何解说公司的全部剩余库存设备情况，如何核实公司各部门提交的报告内容准确性，也不知道如何简化烦琐的手工作业、协调所有的信息。

真实情况

上述各公司高管人员促进艰难，这便为在线拍卖网站提供了一个机遇，由原来的单纯提供服务转变为提供全套解决方案，以满足《塞班斯法案》的各项要求。他们可以借此提高接触客户的级别，由原来同低级员工接触转而直接同高管人员打交道，从现有客户和新客户那里赢得更多的生意。

解决方案

这家公司对其销售人员开展有关《塞班斯法案》和说服性销售的技能升级培训活动。销售材料经过全面修改，为的是将在线拍卖网站具体定位成提供全套解决方案，以满足《塞班斯法案》的各项要求。他们同现有客户的首席财务官直接见面，并阐明他们提供的服务全部公开，自始至终提交完备准确的交易报告。经过重新定位后，他们的销售额在两年内增加一倍。

第7章
探索变化根源：成功向目标人才推销公司

看清形势自有信心。

——格言

  每一代人的价值观和重点考虑的事情都会发生变化。尤其当代大学毕业生更是全面看待生活与就业决定。这里要讲述的是一家在业内处于领先地位的精密工具制造商的故事。他们在招聘时的顶尖工科毕业生的录用率突然大幅度下降。情绪触点研究揭示出他们当时吸引来的重点招聘人才非常稀少的原因，表明这一代人的喜好同深受传统影响的这家制造商继续提供的工作待遇之间存在着差异。随后他们在招聘方案中纳入了工科毕业生优先考虑的事件，结果录用率增加一倍。

案例4

> 不要仅仅把你的公司作为就业机会来加以宣传推销。还应把它作为一种丰富多彩的人生经历加以宣传推销。

整个世界掌握在你的手中

一连好几代人,国内最优秀、最有才华的工科毕业生竞相应聘加盟这家著名的国际精密工具制造商。大家争先恐后,非常向往到这里来工作。不可否认,同这样一家公司结缘很有面子,但真正吸引人的还是其工作前景:有冒险机会,兴奋刺激,前途无量。

最终,那些被选中加盟这个工程师精英团体的少数幸运者,欣然抓住机会在这家公司走上了组织严密、经过时间考验的职业道路。他们心悦诚服地接受如下规定:每隔几年要调去偏远地区工作,承担不同的工作任务,在这个过程中积累新的经验。想一想就会令人振奋,心驰神往,他们很想有机会去开阔眼界。

在这家公司受人尊重的悠久历史中,上述工作安排对雇主和雇员双方都有利。一心要大展宏图,富有才华的年轻新员工能够实现个人抱负。他们也有机会看到其他人如何生活,有机会前往他们只在书中了解过的地方。他们加盟这家公司后可以看一看外面的世界。对于那种拒绝千篇一律的日子,喜欢见识体验未知新奇事物的人来说,这无疑是梦想成真了。

同时,这家制造商找到了一种理想的方法在各部门之间转移知识,在具有不同信仰、传统和人生阅历的国际员工中间减少紧张情绪。他们成功地打造了一支世界级员工队伍,让整个行业深为羡慕。这些员工分布在不同地方,属于不同民族,对于个人差异表现出很大的宽容,对于新事物新方法抱有很大热情。

虽然许多其他公司害怕变化,但是这家国际制造商却能轻松应对,游刃有余。那是因为变化早已有意识地"嵌入"到工程师们的工作当中。这样便保证年轻员工们在承担不同任务时,将他们在世界某一个地区获得的经验顺利地转移到自己的工作中去。事实证明,这是一种共享知识、培养宽容态度的有效途径。

难道待遇不够优厚吗？

接着出现了意想不到的情况。二战后生育高峰期出生的那批人衰老了。新招聘来的员工面貌开始发生变化。当这家公司再次准备从下一代人当中选拔最优秀的人才时，第一次遇到了阻力。他们许诺的很有发展的职业，加上旅行见世面和丰富多彩的人生经历对新一代却没有吸引力。许多年轻的工科毕业生没有高声叫嚷着前来加盟，反倒选择了其他公司。

这家制造商表示难以置信。他们提出的招聘条件"极有吸引力"，工作报酬也很有竞争力，可是为什么就没有奏效？为什么这些优秀人才拒绝了这样的优厚待遇？由于无法吸引到支撑公司业内声誉的高水平工科毕业生前来加盟，又完全不知道其中的原因，因此公司高层决定开展一次情绪触点研究，期望发现问题，找到扭转这种令人惊讶的不利趋势的解决方案。

对于你们父母来说这些待遇很优厚

过去那几代人，特别是二战后生育高峰期出生的那些人，一直渴望去新地方生活、工作。他们很大程度上在相对稳定的岁月里长大成人。他们的母亲一般待在家中，父亲大多数晚上回家吃饭。全家人通常驱车旅游，目的地局限在美国。他们的生活一直是平安度日，备受呵护，墨守成规。但是对年轻人来说，这样的生活已变得乏味枯燥。这是他们极力回避的生活。大学一毕业他们就准备独立生活了。

摆脱童年时期所受到的各种束缚，这种重要的情绪触点，影响着二战后生育高峰期出生的那些人所作出的各种决定。这家国际制造商非常精明地利用上述情绪触点，在全国各地吸引并留住最优秀的工科毕业生。他们的工作待遇里包括诱人的个人利益及经济收入。

当时的工资和奖金极为优厚。有利的汇率也使在国外工作的同胞享有很大的税率优势。休假探亲待遇也非常好。加盟一家国际制造商能使新招聘来的年轻员工体验到各种各样有趣的工作经历。另外公司还向他们保证,他们同意前往工作和生活的国家越多,他们作为公司员工就越有价值。他们愿意每隔几年就调动工作,因为这同职业升迁有密切的关系。

上述工作待遇对于那些毫不犹豫地选择流动性工作,以获得冒险经历和经济收入的新招聘的年轻技术人员来说很有吸引力。他们和公司达成的协议标志着从此在长达几十年的时间里兢兢业业,一心投入到工作中,责无旁贷。他们心甘情愿地和公司达成这个协议,也是为了获得伴随着成功而来的声望、影响和财富。

> "他们和公司达成的协议标志着从此在长达几十年的时间里兢兢业业,一心投入到工作中,责无旁贷。"

那就是我们的生活,我们要走自己的路

想当年,二战后生育高峰出生的那些人全都满心欢喜地接受这家公司开出的工作待遇。如今他们的许多儿女却成群结队地转身离去,不难想象这家国际制造商何等震惊。他们对漫游世界不感兴趣,不想去偏远地区生活,对于"任劳任怨"的期望不以为然。他们主要关心的不是很有发展的职业。钱也不是他们唯一考虑的事情。可气的是,他们这些人根本收买不了。

这些顶尖的工科毕业生要比他们的父母在同等年龄时更老练、更精明。他们非常清楚自己想要什么,而且对于有关的交换不抱任何幻想。使这家公司大为苦恼的是,父母当年在业务上经常起着完美的模范带头作用时所做的一切,

这些毕业生却一概不喜欢。他们想要独立闯出一条路来，而这条路却与这家国际制造商以前见识过的任何一条路都截然不同。

以家庭生活为重

虽然父母在成长时期大多没有见过什么世面，但是这些工科毕业生的情况大多数却有所不同。他们当中有些人已经同父母在国外生活过，长了见识。另有一些人小时候或长大后同家人朋友去国外旅游过。还有许多人由于父母升迁或开始从事新的工作，经常在美国国内迁移流动。

全球化社会与二战后生育高峰出生的那一代人所经历的社会大相径庭。作为全球化社会的产物，多元文化的吸引力已经不如从前，因为神秘感已经褪去。它只是新一代工科毕业生日常生活中司空见惯的现象。

从他们讲述的童年经历以及对未来抱有的希望上可以清楚地看出，影响他们世界观的那些情绪触点同他们的父母相比截然不同。他们作出的各种选择同父母想得到的回报、最相信和最关心的事情相比差别巨大。这家国际制造商对上述巨大变化毫无准备。他们一直深信不疑的行为准则是"勤奋工作与牺牲精神是实现美国梦的必由之路"。因此，他们非常惊讶地发现，职业升迁和成功富足未必是这些富有才华的工科毕业生最重要的情绪触点。

前往海外，生活在许多不同的国家或者经常在美国国内流动迁徙，这对于二战后生育高峰出生并以工作为重的那一代人及其子女来说都是影响很大的情绪触点。但是其中却存在着天壤之别。它对于老一代人具有积极影响，而对于下一代中的许多人来说却具有极大的负面影响。

应聘者们回忆起他们在世界各地的生活经历，回忆起在美国各地辗转搬迁的亲身经历，均未将冒险刺激作为最重要的情绪触点。对于他们来说，这样的人生经历只能唤起孤独、不安定，有时甚至是恐惧的回忆。曾经在国外生活过的那些人，有不少回忆起在语言和习俗都不熟悉的陌生国家里体验过的那种不舒服的感觉。他们不喜欢被其他学生视为局外人。他们真正渴望的是有人帮助他们渡过难关。

> "曾经背井离乡的人非常渴望扎下根来，生活稳定。"

无论他们在哪里长大，这一代年轻的重点招聘对象都曾经辗转于不同的学校和社区；他们仍然清晰地回忆起当年遭人白眼，被视为异类，不受欢迎的情景。作为成年人，他们绝不想再重复类似的生活经历，也不想让家人背上同样的精神负担。安全与稳定是最重要的情绪触点。他们渴望在社区中拥有一个家，同孩子们一起舒适地生活在一个充满关爱、抚育之情的大家庭里。曾经背井离乡的人非常渴望扎下根来，生活稳定。

为什么那么多重点招聘的工科毕业生都拒绝了这家国际制造商提供的工作待遇？揭示出背后原因的情绪触点所涉及的心理问题，其深度远远超过他们在陌生环境中体验到的那种孤独感。他们当中许多人对于父母把工作看得比家庭重要的做法深为不满。无论小时候是否曾经被迫到处辗转搬迁，他们都痛苦地回忆起父母竭尽全力在公司里打拼，以求得不断升迁，无暇参与儿女们的生活。他们很少参加学校活动，不常回家吃饭，几乎从未抽出时间陪家人外出游玩。相反，父母似乎全都是事业雄心圣坛上的忠实信徒。

小时候，他们感到这种压倒一切的事业雄心让他们深受其害。对他们来说，这种对工作的不懈追求、无暇旁顾的做法非常有害。他们长大后亲眼目睹过许多大公司在一系列合并、收购或裁员事件的影响下，突然之间把员工当成了可以随时抛弃的商品。他们被吓坏了。许多人的父母被公司突然抛弃了，很少考虑他们为公司兢兢业业工作了一生。这种结局让人忍无可忍。

往日的失落悲凉时光

年轻的工科毕业生们心安理得地认为，他们以事业为重的父母雄心勃勃或者自私自利。但是将父母视为脆弱的人却是全新的看法，令人不安。他们的心里也不踏实。他们的父母那一代人经常长时间工作，连续出差数日或数周。只要老板一声令下，他们便会毫不犹豫地取消个人承诺。后来游戏规则出乎意料地改变了。接近退休时，他们没有因为终生效力而受到奖赏；他们当中许多人遭到解雇或者被迫提前退休，没有得到一直期盼的经济保障。

这些年轻的潜在员工亲眼目睹自己的父母满怀愤怒和懊悔，为时已晚地意识到把人生的重点安排错了。此事给他们留下了难以磨灭的印象。他们的父母错过了人生许多重要的经历。他们为雇主所作出的个人牺牲没能使他们保住自己的工作或养老金。这些二战后生育高峰期出生的人深感失望，对未来忧心忡忡。他们的不幸遭遇对于年轻的工科毕业生来说起着警醒作用，后者决心不再犯相同的错误。

代沟

顶尖工科毕业生看到了为工作做出个人牺牲所导致的严重后果。他们绝不想重蹈覆辙。当他们拒绝这家国际制造商提出的工作待遇时，他们的回答包含着既合乎情理，政治上也正确的解释。招聘人员在大学校园里经常听到的应聘理由是，喜欢去硅谷加盟技术公司，因为技术是最前沿的行业。

毫无疑问，技术公司很有吸引力，因为他们高度重视这些才华横溢的年轻毕业生所具有的批评思维能力。这家世界闻名的国际制造商也是这样。情绪触点研究表明，工科毕业生在情绪上需要一个稳定的环境。这更加符合他们这一代人的价值观念。他们希望工作之余能有充裕的时间追求个人爱好，从中获得快乐。他们希望能够更多地参与到自己儿女的生活中，而不是在冷冰冰没有人情味的旅馆客房里消磨掉孩子的成长岁月。他们希望同家人真正地相处在一起，抵制那种需要去遥远的地方，使他们远离家人的工作任务。也就是说，他们需要——不，他们要求兼顾工作与家庭。

这些才华横溢的新聘员工并不懒惰。他们为自己的工作感到自豪，追求上进。有些人甚至还愿意走南闯北，或者去海外工作。但是与他们的父母那一代人不同，他们这一代人讲究务实，工于心计。如果他们同意走南闯北，或者去国外工作，那也是为了丰富自己的履历，提升自身价值，不是为了对一个不可能关心他们最大利益的雇主表示不应有的忠诚。

由于经常受到未来经济形势更加严峻的可怕警告，他们担心父母要依靠他们来养老。养老金不像从前那样有安全保障，社会保险的长期有效性值得怀疑，恐怖主义的威胁一直存在。顶尖的应聘者们感到，必须在职业生涯刚刚开始时要表现得比他们的父母那一代人更加谨慎一些。他们宁可等待风平浪静，息事宁人，也不愿去冒险。这一新发现使这家国际制造商大吃一惊。以前他们从来没想要招聘一代比前辈们更加保守的工科毕业生，这些毕业生竟顽固地把个人幸福和情绪健康看得比事业心和财富更重要。

在可以想象到的每一方面，这些大学毕业生都是新的类型。这家公司的招聘计划从来没有失算过。但是情绪触点研究表明，他们并不了解二战后生育高峰期出生的那一代人的子女们珍惜什么。他们这一代人把天伦之乐看得比金钱更重要。在他们眼里，稳定的生活胜过冒险经历。美好回忆的价值远在物质财富之上。幸福胜过权力，人生最大成就是过上平衡充实的生活，而不是爬上公司的最高层位置。仅仅是有诱惑力的工作待遇并不能使他们感兴趣。

这便出现了一个严重的问题。随着老员工开始退休，新涌现的人才并没有排成长队填补空缺。即便在少数有意应聘的工科毕业生中间，也只有满足自己的条件时他们才会签约；而这家国际制造商却认为他们提出的条件非常罕见。这些顶尖的工科毕业生没有要求更高的收入，没有要求更多的签约奖金（sign-on bonuses）或其他额外福利，他们提出的都是生活质量方面的要求。

随着员工的队伍逐渐减员，这家制造商终于开始重新审视自己提出的许诺。他们此前花费大量时间和资金开发出一套一直非常成功的招聘挽留方案。但是正因为过去的成功才使得公司管理高层难以设想出另一套方案。"生活、工作在国外"的招牌已经深深地根植在他们的企业文化中，因此他们没有意识到这已不再是屡试不爽的有效招聘高招了。

情绪触点研究使他们明确认识到对这些新一批应聘者来说，什么重要，什么不重要。

情绪触点	情绪触点揭示的情况
强烈感情	• 他们热切希望融入孩子们的生活中。
价值观	• 他们重视平衡兼顾的生活。 • 他们认为家庭和休闲时间比财产财富更重要。 • 他们认为有回报的工作比有实权的职业更重要。 • 他们认为长期的经济保障，胜过眼前的满足。
感觉	• 看到各家公司把接近退休的父母那代人当作可抛弃的商品对待，他们感到失望。 • 让他们感到不满的是许多人的父母把工作看得高于一切。
信念	• 他们认为公司对雇员的忠诚是个神话。 • 他们认为对雇主忠诚既愚蠢，也不应该。
需要	• 他们需要在有利于生活的稳定社区里安顿下来。

双轨制职业道路

最后，公司管理高层终于理解了这些令人费解的年轻应聘者，甚至开始尊重他们的智慧和表现出的成熟。情绪触点研究使这家国际制造商明白，这些潜在的新员工既不懒惰，也不傲慢。即使年龄大一些的公司主管不愿意公开承认，他们也不得不佩服这些年轻人坚持要求过一种平衡而有意义的生活，要求有权作出自己的选择。新招聘的员工根本不想让任何雇主作出决定影响自己的生活。这家制造商了解到这一点后，明智地选择接受这一新的现实。

顶尖的工科毕业生要求他们的工作既有挑战性，又令人满意。他们希望自己加盟的公司理解并支持他们对于个人实践的需要。一个采取各种措施培训员工全部技能的公司需要有效应对他们可能遇到的挑战。也就是说，他们希望职场生活是从前家庭生活的延续；或者更重要的是，延续了他们理想中的家庭生活。他们希望老板更像自己的父母或导师，而不是大多数公司中常见的那种传统型军事楷模。

认识到自由选择对于新招聘员工所具有的重要意义后，这家国际制造商全面修改了整套招聘方案。他们不再硬性规定唯一一套方案。相反，他们引入了双轨制职业发展道路。"生活、工作在国外"是一种发展道路，有意在国外生活，每隔几年就调动工作，有机会体验不同文化的新招聘的员工仍然可以这样做。但是这只是一种选择，不是硬性规定。

不同意这样安排的员工也不是在公司内部自动地被降低了地位。还有另外一种选择方案：员工只需在国外工作一段时间后就可以返回美国。许多顶尖应聘者相信他们自己的选择不会带来严重后果，因此开始对这家国际制造商刮目相看。

随后这家公司为在大学里招聘毕业生的员工编写了全新的整套宣传材料。

这些材料重点强调生活的稳定性和生活质量，而不是出国看世界的机会。"生活、工作在国外"这个宣传内容也包含其中，因为它仍然可以吸引很多应聘者，但已不像以前那样占有重要位置。为了反映出大方向的变化，公司对一切有关宣传手段进行了修改，包括招聘手册、网站、培训材料以及实地招聘人员的宣传广告用语。

新发布的招聘信息重点强调开放的文化，员工队伍的友好情谊，多样化的工作机会，以及可在小型工作团队环境中工作的特点。员工如有兴趣，也可选择出国工作。出国工作的员工不再需要每隔两年就调动工作。需要调动工作的地方已经减少到三个地区：美国、欧洲和亚洲（或者中东地区）。不愿意接受一个以上海外工作的潜在员工可以选择跨学科工作任务，作为升迁至管理职位的第二种途径。

无论新招聘的员工是否在美国国内工作，各种新的解决方案可以保证在各个部门之间有效地转移知识。为了保证当地市场和公司总部之间的信息畅通，特地设置了地区营销经理这种职务。为了交换当地情报，促进合作和团队建设，每隔两年召开一次工作会议。

广泛应用的网络通信技术替代了国外工作的实际经验。每个地区市场的有关具体信息包括风俗人情、货币、学校、传统和工作环境数据等方面的内容。公司员工可在论坛上与他人共享个人经验。

在同样有意义的较小规模上，这家国际制造商还采取了许多有利于家庭生活的措施，必要时员工可在家工作，照料生病的孩子。他们在保证个人时间方面也实施了更加开明的政策。员工一旦符合条件，公司就为他们在家中安装电脑和互联网线路。

为了节省额外的出差费用，公司举行了多次远程商务电视会议。为提高会议效率，特地修建了配有一流电子设备的专用会议室，使与会员工有一种亲临其境、在同一房间里开会的感觉。

为了吸引这一代新型员工，这家国际制造商推出了一种招聘、培训和管理员工的全新方式。在他们同意不仅将公司作为一种就业场所，更将其作为一种人生经历来加以宣传之后的十八个月内，新员工的录用率增加了一倍。

回顾总结

当时的形势

一家著名的国际精密工具制造商一直能够招聘到大批能力高强的工科毕业生，给他们提供在世界各地生活的机会。公司员工通过在各个部门频繁调动和易地调动，接受新的任务，能够接触到专业工作的不同方面。这项得力措施有助于知识共享，有利于在缺乏共同价值观、传统或生活经历的专业人员当中减少紧张情绪。但是随着二战后生育高峰期出生的那一代人始衰老，人才队伍发生变化，这家公司难以像以前那样宣传推销那种以走南闯北、有机会在世界许多地区生活为招牌的传统招聘优势。精英应聘者的录用率突然间直线下降。随后，在了解年轻一代行为动机的过程中，他们开展了一次情绪触点研究，期望有助于遏制这种令人惊讶的不良势头。

潜在员工的情绪触点

有些应聘者小时候同父母在国外生活过，这段经历给他们留下了孤独和遭到社会排斥的感觉。另外一些人经常在美国国内辗转迁徙，生活漂泊不定。还有一些人感到被"以工作为重"的父母抛弃了。他们不愿意做自由的经纪人，而是希望工作之余能有充裕的闲暇时间追求个人兴趣爱好，同自己的家人共度美好时光。也就是说，他们要求自己的生活平衡丰富。

真实情况

看到自己的父母为了在公司里出人头地不惜牺牲一切,结果却在即将退休时遭到裁员解雇,他们倍感失望,绝不再想重蹈覆辙。他们心目中最重要的就是过上平衡兼顾的生活,同家人和朋友保持密切关系。他们想要获得丰富多彩的人生经历。这家国际制造商第一次认识到,他们是在竭力招聘比前辈们更加保守的年轻一代……这些年轻人把个人幸福和情绪健康看得比事业心和财富更重要。

解决方案

对异地调动工作的做法进行了改进,使奔赴偏远地区工作成为一种选择,而不是硬性规定。取消了所有同以前的工作安排措施有关的政策和做法。采取新措施,保证使潜在的应聘者能够得到有回报的工作,拥有充裕的时间追求个人兴趣爱好。采取这种综合性的招聘措施后,在 18 个月内顶尖人才的录用率增加了一倍。

Why Customers Really Buy

第三部分
在营销中应用情绪触点

第8章
打造品牌：启动扩展新项目

在某个地方，某种不可思议的事情正等待着被发现认识。

——卡尔·萨根博士

品牌是你展现给世界的面貌，是你对客户做出的承诺，也是你存在的理由。成功的各类公司将自己的品牌视为宝贵财产，不断想方设法使它具有内涵，更有吸引力。其中一种策略就是推出新产品或新服务，追求"品牌扩展"商机。这里要讲述的是一家大公司的故事。这家公司拥有著名品牌，一直在努力推出面向小企业主的新服务项目。通常这家公司运用传统客观数据来划分其头号客户群体——小企业主。虽然数据客观确凿，却体现不出客户如何看待自己。情绪触点研究重新确立了这家公司对小企业主的分析方法，而且在这个过程中也使他们提高了销售额，成功推出了新的服务项目。

案例 5

> 无论你怎样划分他们，客户自有其特点巩固实力地位。

业内一家公认的处于领先地位的公司长期保持着稳定增长纪录。这家公司专为小型企业、专业人士和消费者提供服务，涉及技术、电子产品、消耗品、办公产品和家具等领域。他们的销售势头旺盛，恰逢巩固实力地位的大好时机。具体来说，他们希望组成战略联盟，这样便可以为小企业主提供具有附加值的外包服务。

检验当前的几种假设

当时已经在考虑几种选择。随后通过情绪触点研究来确认这家公司是否走上正轨，是否还有更好的选择。国内小企业主全都参与进来了。他们的业务涉及制造、卫生保健、技术、营销、保险、专业服务、人事部门、经销、工程与建筑等不同领域。那一次的采访活动目的是为了深入了解他们面临的挑战，以及一些让他们耗费大量时间和精力的问题。

小企业主：五个常见的挑战

结果表明，无论在什么地方，专业领域是什么，无论生产规模多大，小企业主全都要处理五个关键问题。不断上涨的医疗福利费使他们苦不堪言。他们难以招聘、激励并留住合格的员工。在遵守国家规定，满足国税局要求方面压力巨大。要想跟上技术的迅速变化也变得极为复杂难办。要求履行合同义务的速度越来越快，使他们的企业苦不堪言，难以承受。

企业主们表示，他们的企业缺乏内部资源。他们在谈到士气问题时，指的并不是员工士气，而是他们自己的士气。由于得不到合适的帮助，他们被迫缩减了发展计划。

他们从未有过充足的时间，也难以应付节奏日益加快的环境。两个彼此无关的因素成为问题的主要根源。技术进步永远改变了客户对于完成工作所需的可接受周转时间的期待。在被迫以超过从前的速度努力工作的同时，他们在招聘合格员工方面遇到的障碍也越来越多。

这些小公司没有能力满足政府和国税局的所有要求。他们被繁文缛节压得喘不过气来，既无专业知识，也无相应的人手去处理大量的人力资源和工资方面的问题。

除了拥有内部专家的技术导向型公司以外，其他公司均对技术感到恐慌。技术变化速度迅猛，造成了困惑和越发严重的紧迫感。小企业主承认为了保持竞争力有必要参与技术革命，但却不知如何采取行动。

相似的个人价值观念

小企业主重视稳定性。他们在这个世界上永远是大水塘里的小鱼，"情绪依托"使他们有一种安全感。他们非常重视与同一伙人发展长期关系，彼此做生意，关系稳定就意味着信任。

> "他们当中许多人不信任大公司，生怕被官僚作风误事。"

他们更愿意同小公司做生意。作为小企业主，他们信任同是企业主的供应商，因为他们相信这些人在提供优质客户服务方面有自己的既得利益。他们当中许多人不信任大公司，生怕被官僚作风误事。大公司有大客户，小公司也同样更愿意花费时间和精力满足其他同等规模小公司客户的热切需要。小公司意味着安全和尊重。

在自动化时代，这些小企业主仍然重视人情关系。他们尽可能同熟人，或者向他们推荐的人打交道。他们认为关系熟才值得信任。

速度对于小企业主和他们的客户同样重要，他们很重视快速的周转时间。如果被迫不断加快工作速度以满足自己的客户，他们也需要外界热心帮助自己。有了积极配合的销售方就等于有了承诺与合作关系。

不同的客户形象

> "小企业主……甚至拥有相同的价值观。然而在如何看待自己这个问题上，他们便呈现出差异。"

小企业主都在拼命应对着许多相同的挑战，他们甚至拥有相同的价值观。然而在如何看待自己这个问题上，他们便呈现出差异。按着行业、销售额、员工人数或所在地域划分小企业主过于简单化。他们之间的差别体现在更深层面上。这些小企业主可分为两类，其主要差别在于激励他们的情绪触点有很大不同。这就导致他们在运作自己的企业时看待如何花钱的态度大相径庭。

业主与企业家

第一类是业主。这些人非常重视个体创业，把它看成是维护自身独立的一种途径。他们有意保持较小的经营规模，易于管理。个人黄金时间对他们很重要。他们不想让干扰个人兴趣爱好和义务的任何客户要求拖累自己。他们做生意的目的就是为了给丰富完满的生活提供资金。仅此而已。

企业家是第二类客户。与业主不同，企业家雄心勃勃，有远大的公司发展目标，希望把公司做大做强。一开始他们就着眼于迅速发展业务，努力成为商界重要人物。企业家的特点是均抱有"我能行"的积极态度，表现出很大的自信。他们通过负责管理而获得成功，对于把握自己命运的能力颇为自信。他们的生意同个人生活密不可分。他们也喜欢这种人生格局。

寻找契合点

有许多差异将业主同企业家区别开来，但是情绪触点研究也揭示出业主和企业家两个相同的方面。利用将两者统一起来而不是区分彼此的情绪触点，业主和企业家体现出了有利于用创造品牌扩展机遇的最有效契合点，为制定不断进取的策略奠定了基础。

业主特有的那些情绪触点使他们成为一系列外包服务的最重要客户。如果价格合适，对服务质量也有信心，他们就会欣然接受可减轻自己负担的一切服务。控制问题从来没有影响到这方面。因此同企业家相比，他们更容易成为目标客户。他们不会反对外人参与进来，反倒希望减轻自己的工作负担。人生短暂，不可陷入既费时间、又不讨好的活动当中。但是企业家特有的那些能够激励自己的情绪触点，使他们不易接受大多数外包服务。他们对于让出管理权不放心，也不愿意委托陌生人管理公司业务的许多方面。他们宁愿雇用、培训自己的员工。

情绪触点研究表明，只有当对其业务的潜在威胁严重到压倒其他所有需要仔细考虑的事情时，企业家才能接受外包服务。虽然他们希望保留控制管理权，但是他们很精明，能够看得出来什么时候这样做对自己反而不利。如果对潜在严重后果的担心害怕盖过了排斥外界"干扰"的倾向，恐惧就会战胜自信。只有在面临这种情况时，影响他们行为的情绪触点才由权威变成生存。

从企业家的视角来看，只有两个问题最有分量。遵守国税局有关工资总额和雇员的许多规定就好像穿过布满地雷的陌生地区。同样充满危险的是技术之谜。这两个问题如果有一个处理不好，就会严重损害他们的生意。如果两个问题都处理不好，后果将是致命的。搞清楚业主和企业家共同情绪触点的等级，可以在上述两个"契合问题"上有所作为。

业主和企业家对自己的看法非常不同。他们从工作中希望得到的东西不同；在公司运作方面他们的侧重点也大相径庭。情绪触点研究揭示了这些差异，有助于在他们的切身利益一致时将为数不多的几种情况列为工作中的重点。下一页显示的情绪触点构成了业主和企业家利益一致时的最佳契合点。

情绪触点	情绪触点揭示出的情况
感觉	• 他们感觉受到了政府及国税局相关规定的威胁。 • 他们感觉受到了技术进步的威胁，对于自己适应变化的能力不自信。 • 他们感觉脆弱，因为他们缺乏负担得起的资源帮助自己处理同政府和国税局有关的问题。
需要	• 他们需要有一种受重视的感觉，而不是像大池塘中的小鱼。
信念	• 他们认为与专门为小企业提供服务的小企业主或公司合作最符合自己的利益。
体验	• 他们体验过对小客户不感兴趣的服务商所提供的有限服务。

利用最佳契合点：盈利的新项目

第一个"共识问题"是需要保证遵守政府有关工资税及就业问题的各项规定。作为回应，他们同一家工资会计事务所结成了战略联盟。

这家业内领先的公司促进了广泛客户群的整体收入潜力，谈成的收费标准低于企业主们自己可能同意的标准。每一方均从这种合作中受益。小企业主能够享受到专家服务，而收取的低廉费用则是他们单独购买服务时无法想象的。这家公司运用情绪触点研究提供的情况进一步吸引小企业主，增加了他们在重要客户群体中间的销售额。

客户需要避免有一种觉得自己是大水塘中小鱼的感觉。这家公司对此非常清楚，于是选择了一个专门为中小型企业提供服务的战略合作伙伴。选择这样的合作伙伴加强了小企业主对于尊重和稳定的需要。如果其他大多数客户也是小企业主，他们便感到心里踏实。这家业内领先的公司及时地发现了一个可盈利的品牌扩展机会，脱颖而出，抢占了先机。同时他们还巩固了自己在小企业主中间作为有附加价（值）的合作伙伴领导地位。

第二个"共识问题"是技术。这家公司认识到小企业主得不到专业服务，于是便推出了一套多管齐下的解决方案。他们同技术专家建立了战略联盟关系，请专家帮助解决硬软件决策、整合以及其他方面的问题。另外还同服务商开展后端合作，让他们负责维修工作。为了使客户获得快捷、低成本的援助，他们对在线支持服务功能进行了改进升级。

同工资与技术相关的品牌扩展是这家业内领先的公司核心实力的必然发展结果。每一个战略联盟均提升了收入潜力，却没有要求增加进入成本投资。这家公司实现了成功进行品牌扩展的目标，并且在这个过程中巩固了同重点客户之间的合作关系。

回顾总结

当时的形势

有一家业内领先的公司专门为小型企业、专业机构和消费者提供技术、电子产品、办公用品和家具等方面的服务。这家公司希望通过建立战略联盟使自己能够向最重要的客户群体——小企业主提供新的外包服务。后来通过情绪触点研究深入了解小企业主面临的各种挑战，以及让他们耗费时间的各种问题，借此发现最为切实可行的品牌扩展机会。不久便了解到，尽管小企业主拥有相同的个人价值观，但是他们在经营企业方面却表现出很大的差异。这些业主分为两大类：业主和企业家。第一类将自己的生意看成是为一种丰富完满的生活提供补贴的手段，他们不想被侵扰个人时间的客户需求所拖累，欢迎外来的援助。企业家则胸怀大志，一心要积累财富，把企业做大做强。他们的企业同个人生活密切相连。他们的特点是抱着积极进取的态度。对于放弃管理控制权他们放心不下，宁愿雇用、培养自己的内部人才。

小企业主的情绪触点

政府和国税局的有关规定使他们感到惊慌失措，同时还受到技术进步的威胁。因为无法充分应对上述两方面的问题，他们感到特别脆弱。

真实情况

一般情况下，以传统的方法根据行业、规模或地域等因素把小企业主划分成不同的类型。虽然有关数据准确，但没有反映出他们对自己的看法。情绪触点研究揭示出"业主"同企业家之间的明显差异。业主对许多支持服务感兴趣，只要能够减轻他们的负担就行。企业家却不是这样。只有当恐惧盖过对管理控制的需要时，他们才接受外来的援助。企业家只害怕两种事情：遵守政府规定和技术升级。

解决方案

上述业内领先的公司通过改变分析客户的方法，终于发现并重点扶持、启动了一些保证具有广泛吸引力的品牌扩展新项目。具体采取的措施包括：同一家专门为小企业服务的工资会计事务所建立战略联盟，同技术专家建立合作伙伴关系，让他们分别负责前端支持和后端维修工作。

第9章
重新定位公司：同业内巨头共生存

如果你只看到现实情况，就永远无法取得潜在的成绩。

——佚名

有些变化是逐渐发生的。在其他时候，竞争格局则受到巨大变化的冲击。这里要讲的一家中型独立搬家公司就遇到过上述情况。那时一家业内巨头采用了全新经营生意的方式，威胁到这家中型公司的生存。随后开展的情绪触点研究指明了大方向，使他们终于能够参与市场竞争。

案例6

> 不要被别人吓住，规模越大并不见得效益越好。

时代在变化

曾几何时，中小型企业可凭借提供优质客户服务取得成功。不过那是在无法控制的外部因素还没有引起经营方式变化的时候。作为他们主要客户的大公司日益受到来自股东和董事会的压力，竭力降低成本，经常以牺牲其他方面的工作为代价。他们提出的要求更加苛刻，更加复杂。许多小型企业由于缺乏应对这种最新发展格局的资源和知识，越来越难以保持竞争力。

从银行到钢铁企业的一个又一个行业里，集运公司乘虚而入，向大公司许诺能够为他们省钱，从而改变了经营业务的方式。当这种情况出现在搬家行业时，有一家以个性化服务而闻名的第二代搬家公司成为这一常见伤心故事中的受害者。似乎在一夜之间，他们就由当地一家曾经同许多大公司签订长期合同的兴旺公司变成了一家为生存而苦苦挣扎的没落公司。

在那之前，这家中型公司通过与客户建立密切关系，成功地同一些大型连锁店展开了竞争。他们直接同其他公司负责搬家的员工进行合作，多年来取得了这些人的信任。他们的公司依靠建立起来的人际关系，生意兴隆，不断壮大。但是时代一直在发生着迅速变化，旧有的经营方式不再会保证未来获得成功。面对着周围发生的迅速变化，他们的经营方式没有跟上时代步伐。他们的体制陈旧，在运用先进技术或创新性的营销策略方面落后了。这使得他们在那些重新思考本行业格局的强劲竞争对手面前显得极为脆弱。

同业内巨头的较量

> "他们打算彻底改造搬家行业，把它由小型独立的搬家公司组成的零散群体变成统一的全国性服务行业，承揽大公司搬家需求的每一项服务业务。"

就在这家中型公司继续像往常那样经营业务时，一家致力于对整个行业进行重新洗牌的集运公司出现了。首先这家集运公司收购了几家老牌房地产公司。然后他们再以这些收购的公司为跳板，努力成为一家国内卓越的提供全套搬家服务的公司。他们不仅提供搬家服务，而且还帮助客户的员工获得抵押贷款，出售原有住宅，购买新住宅。他们打算彻底改造搬家行业，把它由小型独立的搬家公司组成的零散群体变成统一的全国性服务行业，承揽大公司搬家需求的每一项服务业务。

在集运公司看来，时机把握得恰到好处。当时各大公司客户都在努力削减不必要的内部服务职能。遗憾的是，这家中型搬家公司却把精力放在同低级搬家专业人员发展关系上（他们很可能会失业）。而集运公司则把工作重点放在各公司客户的决策者那里，同权力扯上了关系。他们频频会晤人力资源主管，并承诺在员工搬家的每一方面为他们节省资金，包括从搬家费用到有关房地产交易的所有环节。然后他们又进一步劝说人力资源主管把整个服务过程外包出去。他们向各大公司保证可使其减少员工，省去费时的工作。最重要的是减少他们每一次搬家的费用。

由于许多大公司都在急于寻找比较轻松的方式来减少经常性开支，所以很快就赞成这个新的想法。随后很快取消了公司内部搬家专业人员的工作岗位。集运公司负责把搬家生意分配给以前同他们的员工有过直接合作的所有供应商。

这家中型公司完全败下阵来。转眼之间，他们的所有重要客户无一剩下，全都归附了来势凶猛的新"雇主"。很快集运公司便成为很有实力的"业内老大"，发号施令，雇用着当地的搬家公司。作为未来分配生意的交换条件，这家集运公司不仅要求得到佣金，而且还迫使上述中型搬家公司越来越多地在收费方面做出让步，由搬家公司利润中让出的收费优惠在集运公司及其公司客户中进行分配。

中型搬家公司在茫然中苦苦挣扎，根本不知道如何与集运公司共处求生，后者采用省时的一流技术，降低成本还得由他们掏钱。当形势变得难以维持，并有可能使他们破产时，他们便求助于情绪触点研究以待找到解决方案。

"示好求婚"

> "这样做极为合适，至少当时看上去是这样。"

集运公司从一开始首次同各大公司人力资源主管见面介绍自己的全套搬家服务时，就得到了热烈反响。帮助员工搬家是一件耗费精力、劳动强度大的棘手事情，并非是这些公司客户的核心业务能力。在削减经常性开支、提高工作效率的压力下，公司主管们很快同意把整个搬家任务外包给能提供全套搬家方案的全国性公司。这样做极为合适，至少当时看上去是这样。

一家又一家大公司跃跃欲试。这样做有许多明显优点，而且其不足之处可以忽略不计。首先，他们会减少每次搬家的费用。优质服务的承诺很有吸引力。从他们合作伙伴自己的房地产公司里抽调的大批专家不分昼夜负责搬家工作，着实让人感到放心。这家集运公司使其他公司高管人员相信他们获得的是双赢机会。人力资源部门的合作公司既有经验，又负责任，可以更好地完成员工的搬家任务。他们能够减少费用，裁减人员，免除大量吃力不讨好的行政管理工作。难道还有人犹豫不决，不想签约吗？事实证明，这种情况并不多。

集运公司大力宣传他们的服务特色，详尽又熟练地介绍各种服务优势，还会有人不为所动吗？他们承诺准确及时地受理所有客户要求；承诺大幅度节省每次搬家的费用；承诺凭借专业知识的深度广度，他们的工作能力会得到不断提高；他们还承诺提供无与伦比的专业服务。他们怀着温暖人心的诚意郑重承诺，一定会关心大公司的每一位员工。

集运公司经过这样巧妙的"求婚"之后，各大公司一致回应了一个响亮的"yes"，许多公司甚至头也没回就爽快地同意了。

"蜜月期"

一开始，像许多新婚夫妇度蜜月那样，双方关系开始呈现出良好势头。人力资源主管确信找对了合作伙伴，于是便把整个搬家任务交给了集运公司。他们放手不管，解放了自己。因此，他们不必再做吃力不讨好的工作，而且雇佣的专业人员队伍所拥有的资源和知识远远胜过以前公司内部原有搬家部门。那是令人兴奋的时期，充满乐观情绪、相互信任和很高的期望。

起初，他们表现出的信任和乐观情绪似乎顺理成章。甚至没有任何人认为可能存在着什么不妥之处。毕竟集运公司很快兑现了减少每次搬家费用的承诺。除了大幅度节省搬家费用外，他们还使得各大公司削减了受聘的全职员工数量。

> "即使附带着隐藏成本，当时也没有被发现。"

人力资源主管们没有注意到为了实现这些目标而采取的强制性措施，或者这些措施可能产生的长期影响。他们只是陶醉在公司最高管理层对他们的赞扬之中。当时大公司在股东及其董事会的督促下正努力提高工作效率，因此同集运公司开展合作被称为是一项精明的创新决策。即使附带着隐藏成本，当时也没有被发现。

没有人要求人力资源主管们对遍布全国各地的众多独立销售公司进行管

理，他们喜欢只有一处联络地点。各大公司高兴，集运公司当然也高兴。每一方均从这种新的合作形式中受益，只是上述那家中型搬家公司明显不包括在内。

婚姻：现实的束缚

在针对各大公司人力资源主管开展情绪触点研究时，那种全套搬家服务合作伙伴关系已经建立了好几年，全盛时期已经结束。美好的时光与所有希望也随之失去，成为遥远的回忆。在事情进展不顺利的日子里，人们对上述合作形式有了截然不同的看法，各种问题到处都有。人力资源主管们不再从集运公司提供的专业服务中受益。他们反而觉得被这场无效的"婚姻"束缚住了。

集运公司的发展速度超过了它按照承诺提供服务的能力。由于不断受到人事变动的困扰，一些具体工作细节都被遗忘了。由于各大公司淘汰了自己的搬家员工，当集运公司无法履行合同时，人力资源主管们束手无策，找不到人帮忙。各大公司发现自己要处理的工作同将搬家任务外包出去之前时一样多。虽然工作类型变了，但是工作量却没有变。除其他事情以外，他们还必须不断对分配到他们部门的新员工重新进行公司政策和工作程序方面的培训，而且工作环节缺乏连续稳定性。

至少公司内部的员工此前一直比较稳定。人力资源主管们回想起来真为自己作出的匆忙决定感到后悔。没错，他们确实节省了一些公司内部员工的用人成本，但却付出了怎样的代价？他们一心要消除的原有那些麻烦同现在他们被迫面对的麻烦相比显得微不足道。当他们决定利用集运公司提供的全套搬家服务来替代公司内部搬家员工时，人力资源主管们把监督工作交给自己部门的其他同事。原来认为没有搬家工作实际经验的这些人只是传递一些一般信息，然后再由集运公司负责接手处理具体问题。但是集运公司出现了一个又一个问题，这些人力资源部门的员工被迫发挥更积极的作用，着实有些吃不消。

追悔莫及

人力资源主管们觉得被集运公司出卖了，但是他们对自己同样感到不满。许多人认为自己过于轻信别人。他们毫不犹豫地抛弃了同当地那家中型搬家公司建立的长期合作关系，转而轻信了一家陌生的公司。即使一切都很顺利，对于离开生活老地方的员工和家属来说都是伤感的事情。但是他那家中型搬家公司以其一流的服务水平能够使搬家过程尽量减少心理压力。具有强烈讽刺意味的是，虽然通过撤销一些员工岗位并把搬家任务外包出去节省了费用，但在搬家过程中却使员工情绪低落。而此时让他们振作精神非常重要。削减费用的代价太大了！

这样做是否公平？是否明智？是否失算？人力资源主管们经常向自己提出这些问题。他们没有预料到，由于集运公司在提供同等水平的服务时要价很低，致使他们同当地那家搬家公司原有的和谐关系变得紧张起来。当地那家搬家公司再也不愿意，或者不能够委屈自己过度卖命服务了。结果大公司员工被夹在中间。他们越来越不满意搬家时的具体搬运过程，而且不满情绪也反映在他们的工作表现当中。这是人力资源部门最不想看到的情况。

异地调动搬迁应该保证使重要员工有个满意的生活过渡期。许多人力资源主管认识到实际发生的情况正相反，痛心地感到自己把工作重点安排错了。他们也随大流，相信集运公司对利润前景和减少费用的宣传强调，把其他事情全都忽略了。现在他们为时已晚地认识到，如果由于员工士气低落而使工作表现受到影响，那么接受每次搬家服务的部分退款就没有多少益处。

应该怎么办？

无论人力资源主管们对集运公司有多么不满，他们已经陷入由自己造成的困境中。他们曾因节省大量费用而受到过公开表扬，所以没有脸面恭恭敬敬地跑到公司高层那里再去要钱。

开弓没有回头箭。有些人力资源主管担心自己有可能在公司高层那里失去一定的声誉和影响，于是要保全面子，不计后果。还有些高管人员甚至担心自己犯下的错误有可能使自己失去工作，他们拼命想重新恢复当地那家搬家公司在集运公司毫不留情地使其利润和工作动力大受影响之前一直提供的优质服务。但是又如何办到呢？他们已经没有退路。

情绪触点研究揭示出在何等程度上人力资源主管们深受如下两个情绪触点的影响：他们不敢公开承认自己的错误，同时又无力摆脱困境。

情绪触点	情绪触点揭示出的情况
感觉	• 当集运公司没能提供许诺的服务质量时，他们觉得遭到了背叛和欺骗。 • 他们感到尴尬，心里没底，不敢向公司最高层承认自己的判断失误。 • 他们因自己决策不当陷入了困境。 • 丧失管理控制权，没了退路，他们既愤怒，又无能为力。 • 他们出于无奈，只能希望找到一种难以琢磨的解决方案。
体验	• 由于缺乏内部资源，他们体验到一种无可奈何的感觉。

连环打击

情绪触点研究表明,许多人力资源主管真希望当初没有同提供全套搬家服务的集运公司结成联盟。他们急于消除已经造成的损害,但是不知从何处入手。即使每次搬家的费用增加了,他们也无力改变这种合作关系,所以他们意志消沉。

虽然人力资源主管和当地那家搬家公司均已失利,他们仍然拥有一个共同目标。双方还想重新联合起来。但是各大公司以及他们以前雇用的那些服务公司的游戏规则已经改变了。幸运的是,情绪触点研究所揭示的情况表明,他们的利益仍然可以达成一致。

人力资源主管需要提振员工士气,推出一整套搬家方案,其中再次包括一流的个性化服务。当地搬家公司也需要获得不错的利润。尽管双方都不具备淘汰集运公司的实力,但是他们可以联合起来,向他们的宿敌发起连环打击。

首先,这家中型搬家公司需要改变经营模式。要想在公司搬迁运输行业里保持竞争力,就要同国内认可的一家合作伙伴结成战略联盟。在重新获得其长途货运搬家业务的应有市场份额时,首先认识到这家中型搬家公司只是在这个市场上遭到集运公司打压的许多当地搬家公司之一。他们必须团结一致,壮大实力。

解决办法是建立协会,然后一起加盟一家具有相应的资源、知识和实力同集运公司展开竞争的全国性大型搬家公司。他们就是这样做的。根据相应的安排部署,当地搬家公司交付一笔费用,挂靠一家全国知名搬家公司。作为交换,后者则与当地的集运公司协商有利的条件。在强大新盟友的支持下,上述中型搬家公司绕过集运公司,直接同以往的那些公司客户接上了关系。他们重点强调自己一直提供的优质客户服务,只是近年来因集运公司的贪婪,才使得他们提供的优质服务遭到了破坏。

各公司人力资源主管们不想再犯同样的错误。这一回他们列出了一个被认可的搬家公司名单,要求合作的集运公司只雇用名单上的搬家公司。人力资源主管施加的压力,连同那家中型搬家公司挂靠一家全国著名搬家公司而获得的影响力一道,为发起等待已久的连环打击积蓄了力量。上述那家集运公司被迫重新协商收费标准,减少了相关要求。

大家组织起来后,使上述那家集运公司认识到他们高估了自己的优势。于是他们增加了交给当地搬家公司的酬金。异地调动搬家的员工得到了应有的关照。人力资源主管改进了他们接受的客户服务,没有增加额外支出,重新收回了一部分管理控制权。当地搬家公司终于成功地摆脱了集运公司强制性措施的影响,多年来首次出现了生意兴隆的大好局面。

情绪触点研究为上述中型搬家公司揭示出他们需要了解的客户情况,创造了有利于自己和从前客户的经营新模式。他们终于明白,规模越大未见得效益越好。人力资源主管们感到非常尴尬的是,他们也明白了这一点。

总结回顾

当时的形势

一家以个性化服务闻名的中型搬家公司惊讶地发现,他们的许多长期客户突然之间同一家新的搬家公司签了约。这家新的搬家公司将自己定位为"居民搬迁专家",提供全套创新性的搬家方案,不仅包括搬家服务,还包括帮助员工获得抵押贷款,购买新住宅。他们承诺各公司客户可以减少员工，把费时的行政管理工作外包出去；更重要的是，减少每次搬家的费用。很快他们便成为颇有实力的业内老大，发号施令，雇用当地的搬家公司。作为未来生意的分配条件，他们要求减少收费和酬金。上述中型搬家公司的长期生存受到了威胁，于是便求助于情绪触点研究，以期制订一套具有竞争力的经营方案。

客户的情绪触点

许多从前的公司客户发现自己上当受骗了，因为那家集运公司并没有兑现一开始的承诺。客户只好自己来应对不充分的服务，但由于公司内部人力不足，问题变得更加严重。他们对于失去管理控制权愤愤不平，有些人还担心失去工作。最后他们仅仅希望服务水准能够改进，但又无可奈何。

真实情况

由于事先承诺的节省费用一事已经兑现，各大公司业务主管只好继续施行既定方案。但是他们对失去个性化服务感到痛心。他们拼命想要继续节省费用，恢复以前的服务水平，在公司内部保全面子。

解决方案

彻底改造上述中型搬家公司的经营模式，挂靠一家拥有资源、专业知识和实力同集运公司展开竞争的全国性搬家公司。作为缴费挂靠的交换条件，这家全国性搬家公司同集运公司协商了优惠合作安排。在强大新盟友的支持下，上述中型搬家公司绕过那家集运公司，直接同以往那些公司客户接上了关系。他们重点强调自己一直提供的优质客户服务。人力资源主管决心不再重蹈覆辙，要求集运公司只雇用他们列在名单上的那些已获认可的搬家公司。来自公司客户和他们挂靠的那家全国性搬家公司的双重压力终于形成连环打击之势，迫使那家集运公司重新协商收费标准。上述中型搬家公司终于成功地摆脱了集运公司强制性措施的影响，多年来首次出现了生意兴隆的大好局面。

第 10 章
开创新生意：打造风靡全国的产业

通向理解的每一条道路都始于困惑。

——梅森·库利

当一个新的创业理念变得非常成功，但最初帮助你起步创业，并对其中的所有环节了如指掌的那些人突然间成了你的最激烈竞争对手时，那会出现什么情况呢？一家地区性健身房连锁店的老板在利用广大民众对当拉拉队员表现出的热情进行业务经营时，就遇到了上述情况。他将自己经营的业务重新确定为组织大型邀请赛，并同业内其他领先各方开展联手合作。当时有些从前为他效力的员工急于要复制这种商业模式，开办了独立健身房，并举行比赛活动。随着这些比赛活动蓬勃展开，他们开始争夺上述邀请赛组织者的客户。这里要讲述的是根据情绪触点研究结果，如何制定出创新性战略发展方案的案例。

案例 7

> 如果竞争威胁到你的市场份额,应该重新确定你的市场。

狂热火爆的啦啦队

几十年间,美国西南部的一位健身房连锁店老板一直受益于当地民众对啦啦队表现出的普遍热情。他开的健身房为年轻人提供了一个学习训练专用场所,使年轻人有机会在校外学习啦啦队员必备的一些技能。起初他把精力放在健身专业教学训练上。不久后,他认识到运动员的天性是竞赛。于是他又开展多样经营,组织当地竞赛活动、地区竞赛活动和全国性竞赛活动。这些竞赛活动很快盖过健身教学训练的风头,成为他的主业。

各种赛事很快流行开来,大受欢迎。家长们也想为要当啦啦队员的孩子们寻找很好的学习机会,不必使孩子们在高中人气比赛上蒙受耻辱。年轻人因此又找到了新的自信,无须成为内部成员就可以进入健身房学习训练,或者在当地参加竞赛,甚至参加全国竞赛。每个人都有机会体验"人气"儿童拥有的满足感和声望。

家长热心支持孩子的梦想,无疑也是一个等待开发的盈利市场。地区邀请赛和全国邀请赛提供的多个创收渠道远远胜过周围各处健身房的收入潜力。邀请赛主办方开设了啦啦队夏令营,对项目比赛收费,出售入场券和制服,对所有相关的特许商家收取佣金。每一方都皆大欢喜。主办方的生意突飞猛进。年轻人当上了啦啦队员兴高采烈,制服、彩带和奖品一应俱全,而且还交上了一批新朋友。看见孩子在自己喜欢的事情上获得了成功，家长们都十分高兴。

只有一个问题：这项赛事不合法。因此，邀请赛主办方决定解决这个问题，随后发起了一场活动，要把啦啦队比赛升级为全国认可的体育项目。他同这个规模不大但正在发展的行业里占有支配地位的国内重要项目拥有者和举办方开展合作。他们一起制定了统一标准，创建全国性组织，努力使赛事得到正式批准。有关规章条文明确规定了合格标准、允许的比赛次数以及许可的参赛水平。似乎一切都已安排到位。

但是表面现象是靠不住的。结果证明，制定统一标准是一把双刃剑。尽管它可以确保在赛事中取胜的合法性，但是也减少了取胜的次数。结果，就在啦啦队比赛就要成为一项全国认可的体育赛事时，出现了两派侧重点截然不同的意见。

好事过头反成了坏事

有些家长习惯于让孩子在比赛中胜出，不欢迎新规定和更加严格的管理条例。他们反对以牺牲孩子的自我满足为代价创立一项全国认可的体育赛事。在这种斗争持续展开的同时，一起出现的两个因素极大地改变了市场发展动态。一些较小的健身房被迫合并，以求获得更大的发言权。同时，一些大型啦啦队公司为了寻求在这个新兴行业获得支配地位，或者同对手合并，或者将他们收购。这两种联合形式使许多员工失去了工作。

大量以前的员工深知，在比赛中取胜常常能够刺激家长愿意多花钱让孩子参加比赛。这些员工打算从这个发展迅速，有利可图的新兴行业中大赚一把。被辞退的员工同许多自动辞职的员工联合在一起，开办了自己的啦啦队健身房，数量再破纪录。它具有吸引人的低风险事物的所有特点，而且固有客户众多。他们愿意慷慨为自己的孩子掏腰包，让他们学习新的技能。

从一开始，这些新健身房的老板们就发起举办当地或地区性的啦啦队比赛。他们通过举办这些赛事获得了额外收入，也为自己的学员提供了更多取胜的机会。有一段时间这样做确实收到了实效，不仅为他们的健身房吸引了新学员，还帮助他们留住了原有学员。最后，不可避免的事情发生了。独立的健身房老板们使市场上充斥着众多比赛。好事过头反成了坏事。大型与小型赛事的组织者和赞助者的生意都受到了影响。这些经验不足的健身房老板缺乏管理知识，不知如何是好，继续在自我毁灭的道路上行进着。

不入虎穴，焉得虎子

获得外界承认的愿望最终同独占垄断的愿望发生了冲突。随着赛事数量猛增，重要赛事的组织者和赞助者看到人们的兴趣不断减少。这个行业不但没有推出一个全国认可的体育赛事，而且陷入了四分五裂的局面。即使那些支持举办更多比赛的家长们也颇有怨言。似乎大家都在举办比赛，一个儿童在某地一个赛事上可能获得第一名，但是在城里由不同健身俱乐部举办的赛事上却让他的朋友拿了第一名。彩带和奖品变得越来越没有意义。啦啦队赛事数量过多，损害了任何意义上的合法性。参赛选手感到被剥夺了获得最佳选手称号的机会。

这对于重要赛事组织者构成了严重威胁。虽然他力争要实现啦啦队技能训练比赛的标准化，将啦啦队活动升级为全国性的体育活动，但是他本人的生意却陷入了为生存而苦苦挣扎的境地。这项比赛正在失去声誉，他的客户群正在萎缩，利润也逐渐减少。以前为他效力的员工在起着破坏作用，他感到非常难过。他压抑着遭到背叛的愤怒，在打垮他们、收购他们，或者同他们开展合作这三者之间犹豫不决。

在第9章中，我们讲述了一家中型搬家公司陷入困境，有可能被一家特大型集运公司挤压破产的案例。而在本案例当中，赛事组织者遇到了相反的问题。这家业内巨头遭了围攻，被小型独立健身房步步紧逼，每一家都举行自己的比赛活动，严重损害着这家业内巨头的未来。从前的员工偷走了"商业机密"，使市场处于过度饱和状态，行业形势一片混乱。获得国家认证的梦想正在破灭。

新健身房老板们让这家邀请赛组织者感到迷惑不解。他们有可能在想什么？他们要干什么？更重要的是，他本人应该怎么办？他必须阻止他们举办比赛，同时还要和他们搞好关系。这是一种微妙的平衡手段。但是要想让他们支持他争取获得全国认可的奋斗目标，就必须这样做。在绝望中，他不得不求助于情绪触点研究，期望找到一种战略解决方案。

啦啦队已无彩可喝

> "他们只想从这个新行业利润中分一杯羹。他们认为有的是机会。"

许多从前的员工变成了现在的独立健身房老板。他们认识到自己的确是贪多嚼不烂。他们从未想同重要邀请赛组织者作对，也无意破坏或减少任何人的生意。他们只想从这个新行业利润中分一杯羹，并认为有的是机会。遗憾的是，他们很晚才认识到，五花八门的比赛将让市场难以承受。无论如何，他们已经陷入困境，自己举办的比赛形势不妙，每况愈下。更为糟糕的是，他们不知不觉已经同业内重要邀请赛的组织者之间变得水火难容。对于他们来说，啦啦队活动已无彩可喝。

举办自己的比赛甚至已不是新健身房老板们首先要考虑的大事。他们只是在想方设法增加利润。主办邀请赛似乎是顺理成章的举措。其中并无私仇,只有更多赚钱的意愿,但是现在他们已经陷入困境。无可否认,他们绝非是重要邀请赛组织者们的对手。但是他们已经把终生积蓄投在了健身房上,必须要生存下去。

情绪触点研究一开始就表明,上述美国西南部的那家邀请赛组织者并没有看清以前那些员工们的真实动机是什么。这些新健身房的老板真诚相信生意很多,人人有份。作为小型的独立业主,他们从未想到会被视为"竞争对手"。这一困境使他们忧心忡忡,感到极为脆弱。他们熟悉啦啦队业务,懂得如何吸引人、训练新学员。但是他们许多人却在为其他方面的事情而奔波忙碌着。他们缺乏经营经验,对于处理现金流动,宣传推广自己的健身房,以及跟邻近同行展开有效竞争等日常问题没有做好准备。他们根本不知道如何制定营销计划、管理预算。许多人资金不足,经常担心失去生意。他们虽然自己当上了老板,却没有安全感,总觉得缺乏保护,陷入了困境。

帮帮我们吧!

最初看上去像是一定会成功的生意,到后来居然变得令人气馁,心灰意冷。这些新健身房老板从前看惯了客户络绎不绝地被吸引到业内巨头组织举办的邀请赛上。当自己举办的比赛无人过问时,他们却不知所措。后来事情变得更加复杂,因为举办啦啦队邀请赛是一个崭新的行业,许多有助于一项业务走上正规的既定程序全都缺失。

在这种夫妻二人经营业务的环境中,新业主并不总是拥有训练有素的充足员工,也缺乏适当的措施方法和既定的客户服务对策。沟通交流也不充分,他们没有及时了解有关近期赛事的可靠来源,他们开始不知所措。当这些健身房的新老板们放下戒备心，讲述自己的亲身经历时，他们承认了一个令人吃惊的事实。这个事实使组织举办邀请赛的业内巨头大为震惊，具有深远意义。他们需要帮助，渴望有人支持。

与组织邀请赛的业内巨头先前看法不同，独立健身房老板们承认继续举办自己的赛事是愚蠢的。他们明白，具有专业管理水平的比赛组织严密，按时举行，邀请受人尊敬的裁判，被公认为安全程度高；同他们自己在当地举办的邀请赛相比，在吸引客户、保护他们的收入来源方面具有更重要的作用。如果这些要素可以得到保证，他们相信自己会获得更大成功。但只要啦啦队比赛继续充斥着市场，失望的客户们就不会认为他们是合法的。

情绪触点研究使组织举办邀请赛的行业巨头以更加同情的眼光看待独立健身房老板。他一旦认为他们脆弱，不具有威胁性，他就可以平息怒气，找到对双方都有利的解决方案。

情绪触点	情绪触点揭示出的情况
经历	• 他们在管理日常业务方面遇到过困难，这使他们感到心里没底，容易在绝望中做出错误决定。 • 随着客户对五花八门的过多比赛感到不满，他们的生意不断受到影响。
感觉	• 在激怒了很有实力的邀请赛组织者以后，他们感到了自身的脆弱，害怕前者打击报复。 • 他们无法充分应对让自己难以承受的竞争挑战，担心生意破产。 • 他们害怕的是，自己把终生积蓄投在了健身房生意上，有可能失去一切。

联合起来才有出路

新健身房老板关注的是制定能支持他们的经营目标，提供急需的培训以及经营知识的计划。从感情上来说，他们更渴望得到帮助，而不是自己在当地举办比赛。由于急需得到挽救，他们的主要情绪触点表现为脆弱感、缺陷感和恐惧感。这些情绪触点一揭示出来，解决方案也就一目了然。推出的解决方案同第9章中讲述的那个解决方案非常相似。当时那家中型搬家公司挂靠一家业务覆盖全国的大型公司，保护自己免遭处于业内领先地位的集运公司的强势威胁。

局面扭转过来了。但是对于组织举办邀请赛的业内巨头来说，隶属挂靠也是相应的解决方案。由于原来的切入视角恰恰相反，他制定的把啦啦队运动变成全国性合法体育项目的计划陷入混乱。他急需削弱小型健身房老板步步紧逼的势头，因为他们扰乱了市场，使他的客户群体日益减员。情绪触点研究为他指出了正确方向：没有必要采取非常严厉的措施。他不必打压竞争对手，或者花些冤枉钱把他们收购过来。新健身房老板们是盟友，不是敌人。他们可在统一号令下联合起来，这样可以促进国家认证目标的实现，形成新的收入来源。

小型健身房老板赞成与同等地位的人联合在一起，这样可以有机会交流知识，相互交往。他们愿意支付一笔合理费用，学习基本经营运作方法。他们希望能够参加合作广告计划，并且立即看出了在购买日常用品、电脑、电话服务和办公设备等方面可享有的实惠。在这些健身房老板中建立了相互依靠的业务关系后，组织邀请赛的业内巨头手下便聚集了一批支持他要求实现标准化的健身房。在这种明确思路的指导下，他决心制定一个隶属联合计划。对于独立健身房而言，这个计划要比他们在当地举行比赛更有价值。

他主持召开地区大会概要介绍隶属联合计划，评估有关人士有多大兴趣前来加盟。随后还特意安排足够时间对这个计划展开审议，举行公开讨论。这位组织举行邀请赛的业内大亨不再担心独立健身房老板成为"敌人"，反而认真倾听了解他们需要什么，并相应地调整计划内容。随着如释重负的感觉和振奋的情绪都在高涨，各个隶属加盟的健身房力争要成为行业绩效方面的新楷模。

情绪触点研究帮助上述组织举办邀请赛的业内老大剖析了一个复杂问题。这使他能够理解竞争对手的感受，因为他第一次站在对方的情绪角度看到了挑战所在。他深入了解到的情况给他上了宝贵的一课：如果竞争威胁到你的市场份额，就应该重新确定你的市场。他也的确这样做了。他在把啦啦队活动确立为全国认可的体育项目方面进展顺利，将来各方均会从中受益。

回顾总结

当时的形势

几十年来，美国西南部一家健身房老板一直受益于当地民众对啦啦队表现出的普遍热情。起初他一心扑在健身教学训练上，但是后来他认识到运动员的天性是竞赛。于是很快重新调整业务方向，成为组织举行邀请赛的业内老大。他同其他邀请赛的组织者联手合作，开发出了新的收入来源，包括啦啦队夏令营、销售制服、项目参赛费、入场费、特许权以及广告佣金。随着人们对这些比赛活动越来越感兴趣，他的生意获得巨大成功。但是也出现了一个问题：比赛不合法。于是他便行动起来，要把啦啦队活动确立为全国认可的体育项目。他同这个规模不大、方兴未艾的行业里占有支配地位的其他邀请赛组织者一起制定了统一标准，成立了全国性组织，以确保赛事得到官方批准。一切似乎都已准备到位。接下来业内实行合并重组，许多员工失去了工作。后来这些失业的员工一心要复制他们曾经亲眼见到过的商业模式，创办了独立的啦啦队健身房，并开始自己举行比赛活动。不久市场上充斥着许多赛事，客户们感到失望，参与人数逐渐减少。美国西南部的赛事组织者惊讶地看到他的利润与客户数量都受到了影响。不知道应该是打压、收购，还是应该同新健身房老板们寻求合作，于是他便求助于情绪触点研究，以期找到战略解决方案。

小型健身房老板们的情绪触点

独立的小型健身房老板们认为自己是在一个低风险行业里投资，很渴望利用这个发展迅速的行业赚钱。实际上并非如此。随着市场饱和，他们害怕失去毕生积蓄，非常担心那些很有实力的赛事组织者整垮自己。他们感到脆弱，缺乏保护。他们几乎没有管理经验，觉得在一个变化无常的环境里自己没有做好管理业务的充分准备。

真实情况

新健身房老板们一心要扩大收入来源，从未打算同原来的员工展开竞争。他们真正想要的是互利互惠的工作关系，只是不知道如何实现自己的目标。

解决方案

美国西南部的赛事组织者制定了一项隶属联合计划。根据计划，当地健身房受益于最佳经营运作方法，参与合作广告活动。作为交换，他们同意遵守标准化的行业规章制度，不举办相互竞争的赛事。结果美国西南部的这些赛事组织者重新获得了客户，增加了利润，并开发出获利颇多的收入来源。

第11章
说服捐助者：增加捐款数额

倾听当中既有技巧，也有影响力。

——格雷恩·古尔德

大家都想要我们的钱，但是有价值的事业数不胜数，从中作出选择越来越不容易。因此许多机关单位都在努力争取捐助。一所规模不大、却很受人尊敬的大学努力冲破重重障碍，千方百计吸引新的捐赠人。他们的具体做法是举行校友联欢活动，定期发布在不同场所举行的校园活动最新动态，重点要求支持那些当前办学项目或广泛的最新举措。这里要讲述的内容是，情绪触点研究如何帮助这所大学采用人性化的方式吸引潜在的捐赠者。

案例8

> 采用人性化的宣传广告，打动人心，获得捐款。

请问先生，还能多捐一些吗？

这所大学声望很高，但所获资助不多，当时正在为即将临近、已举办多年的活动制定募捐行动计划。他们为自己确立了一个雄心勃勃的目标，努力争取使募得的捐助比上一次增加一倍。同实现这一目标有关的每一个人都认为，这所大学正处在转折点上。首先他们要继续采用以前经过验证有效的行动计划，但是这还不够。未来行动要想取得成功，就应该建立更加全面的新增捐赠者渠道。这所大学没有继续依靠少数富人，必须采取预防措施，以免在这些富人中的任何人不能兑现承诺时受到影响。

不同类型的人

这所大学负责发展的官员们同当时已是老龄公民的校友，以及二战后"婴儿潮"时期出生、毕业于20世纪60年代末和70年代的校友建立了关系。但是在20世纪80年代初成年的那些二战后"婴儿潮"时期出生的校友年龄较轻，情况有所不同。实际上他们完全是个谜。负责学校发展的官员一直使各地校友同母校保持联系，让他们"留在圈内"。他们所做的努力包括策划校友联欢会，与当地校友会合作安排聚会和社会活动，用电子邮件发送各种请求，邮寄校长亲笔信，定期发布学校最新消息，出版一流的校友杂志。这些措施对前几代校友非常有效，但是在同是二战后"婴儿潮"时期出生、却比较年轻的校友那里却没有产生类似的效果。

这些校友中的许多人首次拥有了可向母校大量捐款捐物的收入与经济来源。遗憾的是，母校对于他们的态度、信念、志向和所作所为缺乏了解。如果这所大学想要成功地利用这批能够带来可观收益但却情况不明的捐赠者，首先必须了解这些校友是谁,他们真正重视什么,如何能最有效地吸引他们。于是学校高级官员和理事会便委托外界开展情绪触点研究,以期了解真相,提供重要见解。

二战后"婴儿潮"那一代人的冲突

虽然"婴儿潮"那一代人中比较年轻的校友同早十年毕业的校友均被称为"婴儿潮"一代,事实证明这两代人在其他方面相同之处并不多。与那些成长于动荡的 20 世纪 60 年代年龄较大的"婴儿潮"那代人不同,这些比较年轻的校友在相对稳定的时期长大成人,没有受到动荡岁月的影响。而在动荡岁月里长大成人的那一代人对社会习俗表现出强烈不满,一心要改变世界。而年龄较轻的"婴儿潮"那代人完全摒弃了这种生活态度。他们比较务实保守,不想改变这个世界。他们只想融入社会主流。每当这些比较年轻的校友谈起自己的希望和抱负时,他们都赞同渐进式的改进,而不是彻底的改革。

比较年轻的"婴儿潮"那一代校友对自己的母校怀有很深的感情。但是与那些年龄较大的"婴儿潮"一代校友不同,这些比较年轻的校友在经历人生不同阶段之后,有意识地告别了过去,因为有太多的事情迫切需要他们关注现在。

世界真的很小

比较年轻的"婴儿潮"校友非常关注直接影响家人、朋友、同事和邻居生活的那些事情。他们非常嘲笑年龄较大的"婴儿潮"那一代校友,认为这些老校友过分把自己的职业或"大千世界"放在心上,经常全然不顾眼前的事情。20 世纪 80 年代毕业的校友并不把职业视为人生最大目标,那只是达到目的的一种手段。他们都是尽职尽责的家长，一心想在子女的生活中发挥积极作用。

他们没有重新走进自己的过去，而是在子女的未来上投入了自己的感情和资金。如果让他们在子女目前所读的学校和他们过去所读的大学之间进行选择，答案不言而喻。支持母校会引发一种怀旧情绪，但支持子女的学校那是发自内心给予的礼物，满满都是爱。

> "帮助自己社区的居民对他们很有吸引力，因为他们可以有机会亲自观察到自己的慷慨捐助所产生的具体结果。"

情绪触点研究揭示出这些年轻一些的校友在多大程度上特别在意当前的一切。他们满怀热情地讲述了一些加强社区意识的亲身经历。他们支持那些对自己的日常生活产生影响的人士。比较年轻的"婴儿潮"一代校友需要知道他们的捐助确实发挥了作用。最重要的是，他们想知道自己确实使别人的生活得到了改善。帮助自己社区的居民对他们很有吸引力，因为他们可以有机会亲自观察到自己的慷慨捐助所产生的具体结果。他们反复谈到在注重实效的情况下进行慈善捐款的过程。只希望自己捐出的善款能发挥作用还不够，他们还要求能够亲眼看到捐出的善款能够得到有效利用。他们愿意在当地做些善事，因为他们知道在自己居住的社区里自己在努力提高最需要帮助的居民整体生活质量。

母校的陈述不合校友口味

在为主要的募捐活动寻求捐助时，这所大学主要注重资本支出、捐款和一般业务预算这三方面内容。这便是问题所在。这些是抽象的内容,没有多少吸引力。比较年轻的"婴儿潮"一代校友根据个人经验和个人观察到的情况采取行动。他们大多数人把自己看成是致力于帮助人们提高生活质量的人道主义者。人们容易忽视为看不见摸不着的事情而捐款的要求。他们正是这样做的:轻易地忽视了捐款要求。

比较年轻的"婴儿潮"一代校友表示对人感兴趣,而对一些他们认为过于含糊不清的财务问题却不感兴趣。在他们看来,这两者之间有着明显区别。财务问题随时可以变换。美元根据权益需要来支配。他们根本不知道自己捐出的善款干什么用了。更重要的是,他们根本不知道是否有人利用他们的捐款中饱私囊。另一方面,他们非常清楚帮助别人意味着什么。

在他们看来,那意味着提供奖学金,提高教师待遇以吸引并留住一批高水平的教师,缩小班级规模,提高整体学习质量。如果奖学金还能彰显出个人魅力,他们尤其愿意捐款。

许多自视为人道主义者的人在过去并没有捐过款,因为母校未能对他们产生情绪上的吸引力。他们多次批判母校提出的要求过于宽泛笼统。情绪触点研究深刻揭示出比较年轻的"婴儿潮"一代校友怎样才肯慷慨捐款。他们觉得有义务回报母校。伸出援助之手帮助学生,使他们受益,就像自己当年受益一样。这样做很有吸引力。当年自己接受过经济援助的校友特别乐于将同样机会给予另一位需要帮助的学生。这些校友希望有一种高尚的情怀。他们希望自我感觉良好,问心无愧。他们想看到,真的想看到自己的捐款已经改变了别人的生活。

如果我们举行一次聚会,他们能来吗?

母校认为比较年轻的"婴儿潮"一代校友只对人感兴趣,这并没有错;

可是母校重点关注的对象却不对！这些校友中的大部分人既无时间，又无兴趣参加母校举行的联欢会。当时校友活动和社交活动对他们同样没有吸引力。同大学时代的朋友重新汇聚一堂是一件开心的事件，但是这在他们要处理的重要事情中仅占次要地位。他们不想登上大客车行进在回忆的车道上，过去发生的事情已留在了过去。这就是他们的态度。

这些"暴发户"着实使母校负责发展的官员感到非常震惊。年龄50多岁和60多岁的校友一直喜欢与同龄人打交道。他们喜欢参加社交活动和各种特别活动。他们熟悉这种活动，也通情达理地遵守有关规则。但是比较年轻的"婴儿潮"一代校友甚至连边都不沾。他们原本就不喜欢"抽象"的活动，只喜欢"有人情味"的活动。同样他们也放弃了同自己的过去重新建立联系的机会，只关注当前的生活。

> "母校旨意没错，只是传递给了绝对不适宜的人群。"

他们不去参加联欢会、聚会或其他校友活动，因为他们不赞成一切都围绕他们转的做法。如果他们关心谁，如果有谁值得他们抽出时间尽心关照，那只能是学生，学生才是重点。学校的相关官员在工作中错误地认为，对年龄较大的"婴儿潮"一代校友奏效的方法也适用于20世纪80年代的毕业生。年轻代毕业生反对以职业为重点，关注家庭与社会；他们还同样强烈否定"婴儿潮"一代老毕业生那种自我专注的态度。他们批评70年代的毕业生就像非常重视自己支持的事业那样重视自己所获认可的态度。与许多前辈校友不同，比较年轻的"婴儿潮"一代毕业生并不热心于得到同样的关注。只要能对别人的生活产生虽然不大，但却是真正的影响就够了。他们不想去参加社交聚会相互承认，相互祝贺。母校的意图没错，只是传递给了绝对不适宜的人群。

学生是重要的群体，是他们点燃了"婴儿潮"一代年轻校友的激情。一旦"学生"这个含义广泛的词转而涉及具体某个学生的实际情况时，事情就开始变得有趣起来。这时年轻一代的毕业生开始想象怎样才能亲自产生重要影响。他们的才华开始发挥出来。

每当回想起自己的大学时代，比较年轻的"婴儿潮"一代校友都觉得非常美好，只是在职业咨询和工作安排方面遇到一些问题。他们感到自己尚未做好应对现实世界的准备。他们根本不知道如何包装自己的文科学位，或者向潜在的客户推销自己。更糟糕的是，他们根本不知道可以找到什么样的工作，工作要求是什么，如何找到工作。但是没有任何人认识到这种暴露出的弱点正是可以吸引比较年轻的"婴儿潮"一代校友前来同母校取得联系的契机。

情绪触点研究揭示出比较年轻的"婴儿潮"一代毕业生同老一代毕业生在价值观、各种需要和信念上的差别。另外它还揭示出各种不同之处，表明这所文科大学需要重新思考他们的募捐策略。

情绪触点	情绪触点揭示出的情况
价值观	• 他们认为关注个人比关注抽象问题更重要。 • 他们重视当前的生活。
需要	• 他们需要知道自己的捐款确实在别人生活中发挥了作用。 • 他们需要亲自看到自己的捐款所产生的具体效果。
信念	• 他们认为应该抽出时间多关注学生，而不是去参加校友聚会。 • 他们认为提高学生的学习质量比资本支出更重要。

将募捐要求个性化

情绪触点研究表明，比较年轻的"婴儿潮"一代校友渴望发挥自己的作用。他们非常喜欢参与能够产生明显效果，易于控制的活动。他们还认为学习经历比资本支出、业务预算或其他"崇高"工作更重要。将上述两种态度结合在一起，他们的母校便有机会再增加奖学金捐款。具体方法是将捐助要求个性化、具体化，使其由值得称道的方面转向需要帮助、有培养价值的学生。

年轻一代校友不仅仅向基金会捐款，他们还懂得如何在学生的个人生活中发挥作用。这样的立场态度由校友亲自讲述，或者发布在 CD 和 DVD 光盘上，通过电话、电子邮件、信函和宣传手册传播或者发布在校友公告上，反复申明他们的捐助如何提高了一个学生的生活和学习质量。

他们的母校通过一系列讲述的故事，把每个学生介绍给这些新的捐赠者。每个学生是谁，取得过什么成绩，学术兴趣是什么，参加哪些课外活动，最重要的是他们对于未来抱有什么希望和梦想，所有这些，他们的母校均一一加以介绍。通过印刷品，或者送给比较年轻的"婴儿潮"一代校友的 CD、DVD 和其他形式的介绍，突然之间有望获得奖学金的学生情况已不再变得陌生。这些校友也许能够拒绝财务预算里的一个项目，但是却无法回避具有真正迫切需要的、实实在在的学生。

我怎样帮助你？让我看看都有哪些方式

这所大学在职业咨询和工作安排方面暴露出的弱点反倒成为重新吸引"婴儿潮"一代年轻毕业生的另一种有意义的途径。在这些潜在的首次捐赠者当中，许多人都是公司高管人员、成功的专业人员和富有的企业家，他们都认为有一种以上的捐助方式。其中许多人把时间看得同金钱一样重要。后来证明，制定一个计划将他们聘为导师特别具有吸引力。

这样做能使他们在便于管理的程度上对每一个学生的生活产生明显影响。一旦他们认识并开始关心起一个学生，他们就会变得更加积极投入。由于他们承担着导师责任，母校对于他们来说不再是遥远的过去记忆。母校真的成为当前工作生活中的一个实实在在的重要组成部分。

在导师工作安排方面有很大的灵活性。假期或暑假期间可以安排上课，让学生熟悉一下特定工作所需的条件和全部技能，毕业后需要什么样的工作，如何设计简历，如何找工作。母校要求上述校友们签名负责一批暑期实习人员，他们可以从中挑选一些感兴趣的学生。学校实施的就业指导计划能使学生在一学年里每周通过电话接受一小时的指导。学校还积极鼓励校友们在本校招聘员工。

这所大学颠覆传统角色，从校友那里得到了重要启迪，很有收获。情绪触点研究表明，由于采用人性化的募捐宣传方式，讲述受助学生的个人故事，采用实质性的一对一形式帮助学生，母校终于说服比较年轻的"婴儿潮"一代校友掏钱捐助母校的学生。这就是事情的真实经过。

回顾总结

当时的形势

一所很受人尊敬的文科大学正准备搞一场已经持续多年的募捐活动，力图使募得的捐款比前些年增加一倍。此前他们历来依靠少数赞助者为学校捐款。

但是万一有几个承诺未能兑现，学校就会处于不利地位。要想使未来募捐获得成功，就应该发展培养许多第二批捐赠者。为此这所大学所做的努力通常包括举行校友联欢会和地方校友社交活动，邮寄校长亲笔信，发送电子邮件请求，发布学校最新动态，发行校友杂志。但是这些措施对于20世纪80年代的毕业生几乎没有什么吸引力。这些校友如今有实力奉上第一笔捐助大礼。对于学校官员和校董事会来说，这些毕业生是个很大的谜。因此，在募捐活动即将启动之前，学校组织开展了一次情绪触点研究，以期了解如何最有效地吸引这些很有实力的校友。

校友的情绪触点

20世纪80年代毕业的这些校友不赞成"婴儿潮"一代老校友们"改变世界"的信念（后者成年于动荡的60年代）。80年代毕业的校友无心改变世界，只希望融入主流社会。他们非常在意对家庭生活、朋友和社区产生影响的事情。相反，他们对抽象的事情抱有怀疑态度。他们无心提升整个人类的境遇，只想从改变一个人的生活当中获得立竿见影的具体满足感。

真实情况

虽然20世纪80年代毕业生对这所大学怀有深厚的感情，他们还是尽量摆脱过去，关注现在。校友社交活动和一般的请求对他们没有任何吸引力。他们关心的是人，不是资本支出或社交聚会。他们想要知道自己对别人的生活产生了显著影响。

解决方案

20世纪80年代的毕业生重点关注个性化人道主义诉求，而不是一般的捐款请求或社交聚会。他们在了解到有培养价值的学生情况后均能做出积极反应，欣然接受担当导师的机会，将关注重点从捐款要求转移到改变一名学生生活的机会上。情况发生了巨大变化。一旦这些校友在感情上投入进去，大批捐款随后便到。

第12章
调整业务方向：拯救新近整合的公司

沟通的最大问题是在幻想中已经完成了沟通。

——乔治·萧伯纳

有时，抢先宣布自己的所有权可以取得优势。有时，让另一家公司承担重任，自己审时度势，把精力集中在寻找尚未得到开发利用的机会上，也可从中受益。本章讲述的正是这样一个故事。在国际近海离岸产业的特定部门有一家一直占有支配地位的供应商，它几乎垄断了所有生意。客户们一心要在定价和支持服务方面重新拥有发言权，鼓励在市场中引入竞争机制。为了顺应这一要求，另一家以其特有细分业务闻名的国际离岸产业集团准备与上述实力超强的市场主导公司展开竞争，把一些小型公司收购合并，组成一体化经营运作联合体。情绪触点研究表明，这家公司尽管看上去颇有发展兴旺之势，却无意间毁掉了自己的成功前景。当他们了解到使潜在客户纷纷离去的情绪原因后，立刻采取补救措施，很快扩大了市场份额。

案例 9

> 赶在竞争对手前面做好宣传公关工作。

没有选择余地

几十年间,全世界这部分离岸产业市场只有一家主要供应商能够满足客户的端到端需求(end-to-end needs)。这家供应商提供备受推崇的产品,其现场支持团队也受到客户交口称赞。但是作为独家供应商,他们对市场的垄断影响激起了客户的怨恨情绪。每当对产品的需求超出他们的准时供货能力时,客户便被迫接受延迟供货,使自己的生意受到威胁。供应商拥有绝对控制权,这招致了客户的不满。客户经常认为自己控制着钱袋子,凭什么没有发言权?在没有选择余地的情况下,他们就失去了影响力。

终于有了转机

第二家国际离岸公司意识到客户有选择供应商的需要,准备利用这个尚未得到满足的需要趁机而入。起初他们发现自己同许多较大客户建立起的关系比较零散,对自己不利,所以他们随后便开始成立一个垂直整合的公司,这样就能够在世界舞台上展开竞争。为了满足客户希望从一家公司那里获得各种完备产品和服务的需要,他们并购了两家规格较小的公司以增加现有产品种类。把这两家新近并购的公司同自己的业务整合在一起,使他们能够提供端对端的销售产品与服务，足以同上述那家业内领先公司相匹敌。正如预料的那样，他们这种垂直整合运作形式使客户获得两方面的益处：一站式采购，以及在主导市场的唯一国际竞争对手以外又多了一处选择。

为何忧愁？要开心啊！

> "从事离岸产业的每个人都确信，它具有稳妥可靠业务的一切特征。"

在生意场上从来不会有万无一失的事情，但有时可能非常接近这种情况，至少看上去是这样。从事离岸产业的每个人都确信，它具有稳妥可靠业务的一切特征。被收购整合进端对端生产服务运作业务中的三家小型公司全都是本行业中的佼佼者，口碑很好。他们各自生产性能可靠的高端产品，颇得客户信赖，而且在各自的专业领域均享有创新声誉。

当这种"稳妥可靠"的业务优势遭客户极大冷遇时，公司管理层毫无准备，一时不知所措。他们投资并购了两家重要的公司，将其进行整体重组，目的是为客户提供他们一直在反复寻找的供应商。然而客户并没有热情回报以新的生意，反而普遍对这家公司增加的产品服务表现出犹豫和怀疑的态度。

这种情况颇不寻常，令人费解。最终在市场上引进入了选择机制，但却使对此期盼多年的客户反而感到焦虑不安。公司管理层对客户的这种反应大吃一惊，急需了解客户抵触行为背后的深层原因。于是他们便委托专家开展情绪触点研究，以期揭示这些深层原因，并将从中获得的洞察结果作为解决问题的依据。

情绪，只有情绪在起作用

客户讲起话来经常不留情面。他们会摆出大道理，证明自己的要求或行为完全有理。但是正如本书始终所述，大道理无法揭示真正促使销售额增加的各种情绪因素。客户的言论同他们的真情实感之间可能存在着很大差距。每当言论同情绪发生抵触的时候，情绪每次都大获全胜。这是上述经过新进垂直整合的公司吃过苦头之后才得到的一个经验教训。

业务覆盖全球的离岸产业客户以前曾经依赖上述主导市场的独家供应商满足他们的端对端需要。这样的供需关系简化了做生意的过程，提高了文书工作的效率，有效减少了供应商数量，保证客户获得优质产品和高水平服务支持，也使整个交易过程具有一定程度的可预测性。

尽管存在着种种优点，但情绪触点研究结果揭示，上述供求关系中有一个方面却使客户感到忧虑不安（即使不是怀有戒心）。在内心深处，他们也许对这种供求关系感觉不错，只是不想看上去让外人觉得他们将过多的权力拱手让给了供应商。这同他们自己感觉如何关系不大，但同他们希望别人怎样看待自己却大有关系。因此，当客户遇到规模较小的特色公司时，他们表达了自由选择的愿望，诉说了他们对于必须忍受迟迟不能交货的不满，哀叹缺乏一个健全的竞争环境。理智地来看，客户表达的意见还是有道理的。更重要的是，它满足了将自己视为客观权威的需要。那些一心想要同业务覆盖全球的离岸产业公司多做生意的供应商们对他们的话深信不疑。他们真心相信客户既要求，也会支持一个竞争程度更大的市场。客户显然也具有相同的看法，直到他们面临着有可能真的发生变化的局面。

突然之间，潜在客户不愿意以具体行动配合佐证自己的言论。他们没有将新近经过垂直整合的上述公司视为供应选择给予支持，反而感到担心。理论变成了现实。做出错误决策的责任会完全由他们来承担。最初客户提供种种理由，要求有选择供应商的自由。过后这些理由却一反初衷，竟然使他们感到不安。

随着客户更加积极地参与到谈话当中，可以明显地看出他们最初提倡加强竞争的理由确实是他们自己想出来的。每当他们同小型供应商交谈时，他们都会把谈话内容限定在避免出现歧视之嫌的范围内。那些控制着价值上亿合同的公司高管人员，不希望被别人视为在同主要供应商过于亲密的关系中起着同谋作用。所以他们提出市场需要加强竞争。他们声称，赞成这种竞争不可避免地带来的更大定价弹性和服务上的让步。他们说的都没错，而且给出了全部客观的正确答案。但是他们从未谈到自己的感受，从未显露出有可能导致新公司失败的情绪触点。

> "虽然拥有多种选择，仅就字面看，确实不错，但是谁也没有勇气去面对打破僵局后可能出现的不良后果。"

客户确实不喜欢有时不能满足自己所有产品需要的唯一一家供应商。而另一方面，这家在市场上处于领先地位的供应商是一个实力强悍的竞争者，他们不敢轻易疏远。长期以来，都是在市场上处于领先地位的公司一手遮天，客户们不再质疑这种供求关系。那么，如果推翻这种供求关系，夺取控制权，增加同他们做生意的重要供应商数量，是否会使他们受到惩罚呢？看上去确实有这种可能。在市场上处于领先地位的这家供应商发起了一场活动，存心利用客户们的恐惧感。虽然拥有多种选择，仅就字面看，确实不错，但是谁也没有勇气去面对打破僵局后可能出现的不良后果。

慎重对待自己的愿望

客户最终拥有了另一家可供选择的合法供应商后,他们立即纠结于相互矛盾的情绪触点上。无论是继续维持同市场上处于领先地位的原有那家独立供应商的关系,还是将生意转给新的供应商竞争对手,各有利弊。权衡这些利弊,使客户陷入了进退维谷、左右为难的困境。他们根本没有准备好如何去应对出乎意料地影响了自己心思的那些情绪触点。直到充满活力的市场实际上已经发生变化时,客户才真诚地相信他们需要一家可以选择的可靠供应商。可眼下他们心里却没底。使这家新公司感到烦恼的是,潜在客户希望加强竞争的愿望得到了满足,可他们看上去并没有称心如意。

情绪僵局

有关上述离岸产业公司的情绪是复杂的。分开来看,被并购的三家公司各自均有为人称道的一流技术和产品创新特点。但是对于客户来说,这三家独立公司的合并是否有利?他们需要具体了解如何发挥这些很有价值的公司的作用,并保证使他们从中受益。

潜在客户们忧心忡忡。额外的竞争会如何直接影响到他们?已经纳入垂直整合生产运作体系的那三家各有市场优势的公司是否能够形成一个配合密切的整体?这三家公司是否会成为另一个臃肿庞大的机构,让他们受到官僚主义问题的困扰?他们能否相信这家新的供应商及时兑现发货与服务的承诺?这家公司是否会因内部并购问题的影响而牵扯精力?当市场上占有领先地位的前独家供应商暗示这家新公司主要关注控制成本,而非满足客户需要时,他们感到心神不安。由于担心新供应商可能由于内部重点工作安排而忽略自己的需要，所以客户特别容易被以往那家长期供应商利用他们的害怕心理对其进行诱导和利用。他们害怕新的供应商行动迟缓，服务不连贯完整，害怕官僚主义作风有增无减。在市场上处于领先地位的那家供应商处心积虑地操纵、歪曲现实的手段正在奏效。潜在客户还真被吓着了。

受市场上占有领先地位的原有供应商的挑拨，客户也随大流，认为那家新公司的做法就是提高价格。他们担心态度傲慢会置情理于不顾，漫天要价。客户受人诱导，听信传言，真以为并购的目的是为了控制支出，不是为了提供另一家可自由选择的端对端供应商。当有人警告他们被并购的三家小公司人员不足，无法满足地区需要时，他们感到惶恐不安。因此，在市场上处于领先地位的原有供应商并未以赞同支持的眼光看待上述公司并购，而是狡猾地利用客户信心不足、可能负债以及未经证实的传言等因素，防止自己的客户流失。

真实情况与其竞争对手描述的情景大相径庭，但是上述新近整合的公司还是使潜在客户感到失望，因为客户无法掌握正常信息。客户向他们索要介绍材料时，他们也拿不出来。经过新近垂直整合的这家公司派人走向街头宣传自己，但是没有向这些工作人员提供必要的宣传手段来向众人介绍自己的情况。他们唯一携带的宣传材料介绍的是全球业务情况，而不是开展国际业务的地方情况。这同潜在客户重视的内容正好相反，对于公司未来前景而言不是个好兆头。

情绪触点研究表明，潜在客户对于选择竞争供应商的合理愿望被担心后果严重的恐惧感压了下去。他们对于新供应商的抵触态度深受在市场上领先的原有供应商散布的怀疑言论所影响。

情绪触点	情绪触点揭示出的情况
感受	• 让他们忧虑的是，新供应商可能会不顾客户需要，重点关注内部并购情况。 • 他们担心新的竞争者只重视削减成本，降低服务水平。 • 他们担心新供应商对当地的需要，对他们的头等大事漠然处之。 • 他们担心有关新供应商的情况不明意味着凶多吉少。 • 他们不敢损害同市场上领先的原有供应商的关系。
需要	• 他们需要得到如下保证：新供应商会利用并购的三家小公司的技术实力和产品创新优势使他们受益。 • 他们需要得到的慰藉：新供应商能够根据预算计划按时兑现发货承诺。 • 他们需要得到如下保证：新供应商配备足够的员工处理各地区客户的需求。

受制于竞争对手永远不是一件好事

新供应商让市场上出现了与客户沟通的危险真空。他们只顾忙于建立端对端产品与服务销售业务的后勤工作，未能有效地发布正确信息宣传自己。他们忘了制定一个详细计划，明确他们的新公司同潜在客户的业务关系。相反，他们认为客户会自动报答他们提供端对端选择的努力。市场上领先的原有供应商绝不想让这种事情发生！

> "竞争对手的新公司就这样受制于他们。眼下这家新公司处于尴尬的防守地位。"

在竞争对手的新公司没有全面发布任何信息的情况下,市场上领先的原有供应商趁机填补空白。他们掌握着宣传内容,只挑对自己有利的宣传。竞争对手的新公司就这样受制于他们。眼下这家新公司处于尴尬的防守地位。有关他们的虚假信息满天飞,必须加以驳斥纠正。遗憾的是,虚假信息已经达到预期目的,引起了潜在客户的恐惧。纠正事实是一回事,消除情绪反应完全是另一回事。

客户需要直接听一听新供应商解释新组建的公司会如何积极地影响到他们的职业生活,迅速减轻由领先市场的原有供应商所造成的损害。在这之前,客户从情绪上仍不愿意放弃长期合作的供应商转而同刚刚进入市场的另一家供应商做生意。

做好信息发布宣传工作

公司管理层重新评估了当地销售业务区域以确定人员覆盖配备是否充分,并确认现有工作人员具备相应技能,训练有素,能够有效地承担工作。他们根据具体需要对员工队伍进行补充培训和替换,确使客户获得他们最关心的服务质量(这已成为他们的核心情绪触点之一)。与领先市场的原有供应商强加他们的虚假宣传印象正相反,客户遇到的新供应商认真了解他们的问题,并对他们渴望得到强有力的当地服务支持的情绪需要作出了积极反应。这起到了安定人心的作用,使新供应商有时间策划制定准备发布的信息内容。

在采取应急措施打消客户疑虑后,新供应商的首要工作就是编写针对性强、内容丰富的宣传材料。当时制定了一个沟通交流方案，对客户解释为何要创立这个新公司。要发布的信息每一方面都回应着情绪触点研究内容。无论是新建的公司如何实实在在地努力改进客户的经商生活，如何提升整个市场的价值，或者他们与现有领先市场的供应商如何不同，所有的沟通交流内容均按着客户特定情绪需要设计安排。

　　配套的销售材料同广告活动一起突出强化了上述沟通宣传内容，确立了品牌承诺先机，使销售人员拥有了一套内容完整严谨，明确解说公司市场定位的宣传销售材料。沟通方案不仅阐述公司的主导思想，还包括使潜在客户树立信心，并与他们建立关系的一套完整计划。公司高层管理人员同每一个客户群体均举行过一对一会晤，亲自回答他们提出的问题，向他们征求意见，询问如何才能成为他们信得过的首选供应商。公司总裁在电话中同重要客户一起探讨他们遇到的问题，并安排亲自登门拜访的时间。公司一有什么行动便会及时告知客户。每一种新的服务举措，每推出一种产品，或者每有一项技术创新，均通过全面的销售材料，亲自会晤，及时用电话通知、登门拜访或登录相关网站等形式让客户了解到有关情况。

　　从一开始，这家新公司的问题更多地同外界看法有关，同现实情况关系不大。他们的产品质量一流，团队兢兢业业，以服务为重。他们的技术实力在业内首屈一指，更以产品设计创新而闻名遐迩。所有这些优势同具有竞争力的定价和无与伦比的发货时间一道，使他们成为本行业领域内颇具吸引力的端对端供应商。最初，他们将自己定位为一家难以对付的市场领先公司的竞争对手。由此引发的强烈情绪反应几乎使他们走向失败，因为他们不重视掌控对外宣传沟通内容。一旦在情绪触点研究过程中了解到这种真相之后，他们就立刻采用各种方式消除谣言，讲清楚他们与那家业内领先公司的不同之处，认真对待情绪触点问题，从而赢得了一大批潜在新客户。

回顾总结

当时的形势

一家全球离岸产业公司收购了两家小公司，以期增加现有产品种类，创造端对端销售机会。按着他们的设想，这种新近垂直整合的生产经营模式可使客户获得两种益处：一站式采购，以及在雄霸市场的唯一一家全球竞争者外又多了一家可选择的供应商。

多年来这家强大竞争对手一直是业内的独家供应商。客户由于渴望在定价和服务方面重新获得发言权，支持在市场中引入可供选择的另一家供应商。这家新公司拥有质量过硬的产品，强大的供货实力以及善于创新的国际声誉。可是当他们为了满足业内具体需求而进入市场时，客户却纷纷避而远之。随后他们借助于情绪触点研究来揭示隐藏在客户抵触行为背后的种种原因。

客户的情绪触点

潜在客户忧心忡忡。在领先市场的原有供应商的挑拨下，他们认为新出现的那家公司进行垂直整合的目的是以牺牲服务为代价，搞价格欺诈，降低成本。他们害怕中断同长期供应商的合作后会受到惩罚。他们还担心那家新公司会因本身遇到的种种问题而忽略自己的业务需求。在没有获得任何具体信息的情况下，他们不敢冒险放弃原有供应商（无论多么不完美）转而投靠不熟悉的新供应商。

真实情况

那家新公司让市场上出现了危险的沟通宣传真空。他们只顾忙于后勤方面的事务，未能有效地掌控对外发布的宣传信息。相反，他们的主要竞争对手却不失时机地填补空白，捏造事实，恶意中伤。

解决方案

首先，公司管理层重新评估了当地销售区域，确保人员配备充足，并确定这些员工专业技术知识过硬。随后又根据需要对支持服务的团队进行人员补充、业务培训或人员替换。这些举措对潜在客户起到了安定人心的作用。接下来这家公司的首要工作就是编写针对性强、内容丰富的对外沟通宣传材料，明确解释为何成立新公司，客户如何从中受益。配套宣传材料的每一方面内容，从广告活动到高层管理人员同各个客户群体会晤，再到公司总裁亲自打电话沟通交流或亲自接见客户，无一不是针对情绪触点研究所揭示的客户情绪需要所做出的具体回应。在了解到客户抵触回避的种种原因后，这家新近进入市场的公司迅速采取了对应措施。他们运用多种方式消除谣言，将自己的公司与业内领先的那家供应商区别开来，最终成功地增加了自己的市场份额。

Why Customers Really Buy

第四部分
在客户关系中应用情绪触点

第 13 章
衡量客户满意度：留住大客户

沟通交流中最重要的是听出弦外之音。

——彼得·F. 德鲁克

每个人都会不时地陷入两难境地。遇到这种情况绝不是一件开心的事情，但至少我们大多数人都能看得出苗头眉目来。而我们认识的一位公司高管人员却没有看出来任何蛛丝马迹。这里要讲述的是一家拥有精明领导团队的营销机构的故事。当时他们并未意识到有什么风险，但却差点失去 2000 万美元的合同。在关键时刻，情绪触点研究揭示出挽救合同，继续保持业务联系所需了解的真实情况。

案例 10

> 个人左右逢源，并不等于业务关系牢固。

爱德华的故事

　　这位公司高管人员，就让我们称他为"爱德华"吧。他在一家以专业市场营销和客户关系管理（此处具有讽刺意味）闻名的重要国际机构供职，是其下属一家最大办事处的负责人。他领导的办事处收入占这家国际机构总收入的三分之二。这家机构隶属于一家名声卓著的控股公司。该公司经营广泛的全球通信业务，涉及许多相关领域。

　　当时这家国际机构正在蓬勃发展，在近十年内收入一直以两位数增长。最大的客户每年都带来更多收益。新客户更是不断增加。虽然形势一片大好，公司最高管理层明白这样的增长速度不可能持久。当前的客户能带来的收入毕竟会有一定限度，而且仅仅由于潜在的利益冲突这个原因，赢得新客户的速度不可避免地也会降低。他们正处于由早期的业务发展阶段向面临规模更大、更成熟经营挑战的过渡时期。在这个过渡期需要更加谨慎，因为他们必须满足长期大客户的需要，同时也要满足近期赢得的新客户的需要。要想获得成功，就应该明察秋毫，处事灵活。

　　爱德华希望由第三方在他们规模最大的《财富》500强客户的各级管理人员中，开展一次客户满意度公正评估。他希望了解客户如何评价他效力的国际机构工作绩效。他们的需要和期望是否正在得到满足？他们如何看待这家国际机构的工作质量，客户服务与战略规划能力？客户的公司内部正在发生什么变化？这些变化会如何影响客户关系的发展走向？他计划开展一次情绪触点研究，有针对性地采访一些公司的中高级管理人员。

主观看法与客观现实

　　八年间，爱德华每个月都要乘飞机旅行数小时，亲自同公司的最大客户见面。他经常参加他们举行的策划、创意与战略发展会议。在拜访客户期间，他要同营销部门的高管人员及其他员工见面。他自认为同客户的各级业务联系特别牢固。据此，他建议将这家公司作为衡量其他客户的参照标准。但是从一开始，这些采访活动就表明，爱德华的主观看法不符合客观实际情况。甚至在采访活动正在进行的过程中，客户也对爱德华效力的那家国际机构形成了新的看法。如果把这家公司作为评判其他所有客户关系的标准，爱德华就真的遇到麻烦了。

那家客户的所有人都承认，爱德华根本不知道当时他们正在开展一次审核评估。高管人员和更多的低级职员全都对爱德华称赞不已。他们认为爱德华聪明绝顶，对他的创造能力和谋划能力评价很高。大家都认为他是个诚实的好人，职业操守无可指责，而且每一个人都欣赏他。但是有些方面还是不合情理。在采访过程中每当指出这一点时，接受采访的人总是将目光移向别处。他们表现得坐立不安，有些烦躁。他们要求采访者许诺，无论说什么都不要透露那是他们说的。

我们只要得到一点尊重

事情的真相渐渐地显露出来。没错，爱德华确实是个好人，是个非常好的人。这正是问题所在。尽量满足客户要求是应该的，但是他们责备他在管理自己的业务方面心太软。他们觉得爱德华多次默认手下员工的做法。他让员工自己做主，却损害了客户的利益。

创意团队在同客户见面前，事先已经得到具体创意目标和内容方面的指示。但他们经常无视客户的意愿，在采用不同方法之前从未征求过客户意见，只是我行我素。在这个过程中，他们总是提交不符合要求的方案，超出预算，错过重要的最后期限。更加糟糕的是，爱德华对他们放任自流。他并没有对创意人员进行约束，因为他不想使他们失去信心。他非常喜欢给员工授权。换句话说，爱德华在努力阻止船只摇摆的过程中却险些使船只沉没。客户觉得自己成了爱德华手下员工过分张扬自我的牺牲品。总的来说，这种情况使人极为愤怒，客户实在受够了。

当爱德华拜访的这家公司的生意伙伴开始讨论为什么他们要另找一家合作机构时，他们给出了合情合理的客观理由。创意人员提出的建议未能反映出他们的重点构想。而且爱德华效力的那家机构经常忽略他们提出的工作要求。最终完成的工作经常超出预算，或者未能按时完成。按照工作标准来衡量，这些都是寻找另外一家合作者的极为合情合理的理由。他们所说的一切都没有错，但并没有反映出事实的真相。事出有因。理由是一回事，情绪触点又是一回事。

> "2000 万美元的合同最后为何险些失去？"

情绪触点是什么？2000 万美元的合同最后为何险些失去？因为客户不喜欢"被随意打发"的那种感觉。爱德华的员工态度傲慢，不尊重人。客户表示，爱德华手下那帮人目空一切，肆无忌惮。最使人感到气恼的是，那样做竟然畅行无阻。客户发表的意见似乎无关紧要，那究竟是谁在为谁打工呢？

爱德华被蒙在鼓里

缺乏起码的尊重明显触及客户的痛处，最终使他们决定寻找另外一家合作者。但是其中一个谜底仍然没有揭开。客户也许对创意人员感到非常不满，但是对爱德华却颇有好感。同客户的关系已经恶化，而他却一无所知，这究竟是怎么回事？在每次采访过程中，都不可避免地提出这样一个毫不掩饰的问题。他们把自己关心的事情对爱德华说过吗？没有说过。谁也不想提起这个话题。

高管人员感到极不自在，执行副总裁尤其心神不安。起初他不想谈论这个问题，最终还是不假思索地脱口而出："你怎么能对你喜欢的人，对你合作了八年的人说你不赞成他管理企业的方式呢？"他宁肯隐瞒更多可以接受的理由，也不愿意冒犯爱德华。

他并不是唯一这样想的人。谁也不想批评爱德华，至少不想当面批评他，他们生怕伤害他。在他们看来，对爱德华的管理方式提出批评就等于对他缺乏信任，但是最后他们还是这样做了。由于他们决定寻找另外一家合作者，所以也就默认爱德华不能够解决管理问题。如果不开展情绪触点研究，爱德华永远不会有机会挽救他的生意，因为他不会知道他的生意当时已经危在旦夕。

相互冲突的情绪触点

"被随意打发"而产生的不满情绪在上述客户公司的各级部门普遍存在。另外，公司高管面对爱德华表现出的错误忠诚感，反而将"感情"置于"利益"之上。最后，一想到直接批评爱德华，客户就会感到非常不安。所以客户要不惜一切代价避免这种正面交锋。对创意人员的极度不满，对爱德华的一份真情，以及希望维持友好的愿望，这三种相互冲突的情绪混合在了一起，险象环生。

没有人建议爱德华应该注意防范，或置之不理。高管不愿意同爱德华对峙其实不是为他考虑，而是担心对他提出批评有可能伤害他，自己可能也会因此感到不安。没有人愿意这样做。

在他们放弃爱德华效力的那家代理机构很长时间后，他们会给他一个并不过于无情的解释，但是爱德华永远不会了解到事实真相。也许这件事会促使他围绕着真正问题的边缘修修补补，但最后又会在另一个客户那里遇到同样的问题。到那时他还是不了解其中的原因。

"先入为主"思维方式的危险性

创意团队不可能没有意识到他们的行为所引起的不满情绪。他们也不可能将这种情况反映给爱德华。因为爱德华在管理企业方面需要掌握的批评洞见同他们自身利益相冲突。有谁会自告奋勇地对老板说，有个重要客户经常对他们不满？除非他有可靠的生活保障！相反，他们却把客户说成不近情理、难以伺候、缺乏长远眼光。创意团队本身没问题，问题出在难以伺候的客户身上。无论他们多么努力，总是难以取悦客户。

爱德华也犯过使许多客户感到苦恼的相同错误。他不知不觉陷入了"先入为主"的思维方式当中。他身边的员工总是在强调奇谈怪论，他也选择了听之任之。他过于袒护员工。他的被动表现，再加上甘愿接受固步自封的偏激观点，使他效力的代理机构险些失去了最大客户。

让我们来看一看究竟哪些情绪触点让客户动了更换代理机构的念头。

情绪触点	情绪触点揭示出的情况
行为表现	• 客户不断地受困于不正常的工作关系，致使他们超出预算，错过最后期限，经常卷入同创意团队的权力斗争中。 • 通过采访了解到一些不正常的情况，似乎创意团体才有权发号施令。
强烈的情绪	• 客户愤怒的是，创意团队忽视他们的意见，觉得根本没有义务研究他们的意见。
感觉	• 客户有一种"被随意打发"的感觉。 • 客户只要一想到直接批评爱德华的管理风格就感到非常不安。
需要	• 客户需要维持同爱德华的"友谊"，避免因发生对抗而伤害他的感情。

成功摆脱困境！

　　幸运的是，情绪触点研究使爱德华了解到用其他方式无法接触的重要事实真相。这是客户自己不会对他讲述的，对问题有一定了解的客户方管理人员也不愿意对他透露实情。他们不想指责创意部门。显然，创意团队也保持沉默。

　　爱德华了解到那些致使客户决定替换他所效力的代理机构的各种情绪触点后，立刻采取了行动。根据掌握的具体情况，他最终扭转了局面。首先，他重新调整战略规划与创意策划过程。根据客户意见反馈，有关最后期限、成本、时间表以及工作各阶段的具体措施一律安排到位。客户方管理人员与创意团队均有义务配合上述措施的实施。这是个无可争议的问题。

　　爱德华本人也更多地直接参与业务过程。他没有以仁慈的恩主自居，而是承担了业务经理这个角色。他经常参加在关键时候举行的重要会议，确使工作符合客户的创意与战略发展标准。他坚决要求按时、按要求完成工作，不能超出预算金额。"不出意外"成为新的口头禅。如果事先发现了潜在的问题，他便与自己的团队合作加以解决。如果有人没有兑现承诺，并且被发现，那只能遭到解雇。这种纪律意识影响到代理机构同客户打交道的每一个方面，也要求内部各个部门之间加强协调与规划。最后，爱德华在整个代理机构范围内带头开展端正态度的活动，突出强调服务行业对员工的工作要求。

　　爱德华处理问题的坦诚态度和工作速度使客户深为感动。几个月后，这家客户对于自己关心的问题得到重视表示赞赏，代理机构新近体现出的负责态度也使他们非常感动。结果他们中止了寻找新代理机构的计划，又同爱德华效力的代理机构续签了两年的业务合同。

回顾总结

当时的形势

一家重要的国际专业市场营销代理机构，正由早期的业务发展阶段向规模更大、更成熟的经营运作阶段过渡。作为其最大分支部门的负责人，爱德华想要对客户满意度进行评估，于是便委托独立的第三方开展情绪触点研究。八年来，他每个月都要同一家《财富》500强的最大客户会晤，并相信他们之间的业务关系非常牢固。尽管他经常同这家客户会晤，但是研究采访结果表明，这家客户实际上已经启动了寻找新代理机构的计划，事先却没有通知爱德华。客户对爱德华本人的评价极高，但是他手下的创意团队却不听调度。他们不听从客户意见，每当看法不同时便随意拒绝客户的要求，事先不经协商便自作主张。客户认为，问题出在爱德华的管理方式上。他让创意团队擅自做主，损害了客户利益。尽管创意团队也意识到存在着问题，但他们并不想让爱德华了解到实情。同时，客户出于照顾爱德华情面的错误动机，致使事情每况愈下。他们宁可更换代理机构，也不愿意得罪爱德华，同他发生不愉快的冲突。

客户的情绪触点

客户觉得创意团队随意对待自己，因此非常愤怒，但是他们认为仍然有必要同爱德华保持友好关系。他们很不愿意去批评爱德华的管理方式，也不愿意开诚布公地同爱德华对话，害怕伤害彼此的感情。

真实情况

"操作上出了问题"，这是为寻找新代理机构给出的一个不得罪人的答复。

这是事实，但却不是隐藏于背后的真实原因。出现问题的真正原因是，客户觉得代理机构的创意团队随意对待自己。他们没有受到应有的尊重，事事处于被动。对此，他们感到强烈不满。

解决方案

爱德华第一次认识到，他在不经意间已使自己效力的代理机构处境危险。他没有起到一个高级管理人员的作用，而是以仁慈恩主自居。最终的解决方案是彻底重新调整代理机构的战略发展与创意策划过程。爱德华制定了内部严格执行的工作新标准，使"服务"特色又回到了服务业务当中。结果，他们不仅没有失去这家客户，而且还续签了一份为期两年、价值2000万美元的合同。

第14章
在危机中寻找转机：为公司留住生意合作者

> 我知道，你相信那些你以为是我说过的话。但是我不敢肯定，你是否认识到那不是我的本意。
>
> ——罗伯特·麦克洛斯基

陷入危机中的企业经常把某一个重要方面视为问题的主要原因，这样做也许对，也许不对。但是有一点却是肯定的：要想扭转局面必须首先解决那些应该重点解决的问题，否则见不到成效。有时处于危险边缘的企业在急于使形势出现好转的过程中，往往先去抓住那些易于执行的解决方案。但是当一种现象被视为实际危机时，就容易掩盖其他需要考虑的因素。这里要讲的是美国最大的一家企业的案例。这家企业在当年苦苦挣扎的过程中将情绪触点研究作为新起点，而不是最后的求助手段。他们主动放弃一些显而易见的"事实"，重点关注那些使得大批合作者纷纷离去的强烈情绪因素，最终大大减少了离去的合作者数量，局势渐渐呈现出好转的气象。

案例 11

> 信任不是一件可以随意丢弃的商品。

震惊，愤怒与离弃

营业额达数十亿美元的这家合作企业拥有数千家为消费者和商业企业服务的合作者，经营着四个不同的分支。对于不熟悉合作企业的读者来说，这样的企业就是为购买其产品或服务的客户而存在、运作的企业。各方合作者加盟进来为的是获得经济实力、购买力、各种产品与服务以及市场营销机会。

在数年时间里，这家合作企业通过一系列合并而发展起来，但是合并过程并不顺利。管理方式不同，职能部门重叠，内部权力斗争，所有这些因素均使企业无法正常运转。但是高管人员和董事会却对合作者们描绘出另一番情景。听他们一说，一切都好极了，好得不能再好了。直到有一天，他们抛出了一颗重磅炸弹，出人预料地宣布亏损超过一亿美元，着实令人惊讶。一开始，合作者们惊得目瞪口呆，随后他们被激怒了。

除了自己企业的销售收入外，合作者们每年还能从合作企业的利润收益中分得一定红利。他们需要这笔钱，并将其纳入每年的营业预算中。合作企业遭受巨额亏损后，他们自然也没有红利可分。在事先没有通知的情况下，突然之间不再发放企业红利。在几年时间里，这家合作企业由获利丰厚走到了财务危机的边缘。在原有合作企业宣布因巨额亏损今后无法分发红利的情况下，1500多合作者纷纷加盟竞争对手的合作企业，数百名合作者也要转身离去。

非常时期需要采取非常措施

这家企业的前景岌岌可危。在这个关头，主要贷款银行更换了企业最高层的管理人员，要求董事会进行整改，并重新任命一位首席执行官前来稳住局面。扭转合作者纷纷离去的局面，重新取得他们的信任，这对于这家合作企业的近期生存和以后的局面出现转机具有非常重要的意义。他们迫切需要同合作者重新取得联系，创造有意义的发展机会，拿出既有说服力又可信的理由避免合作者继续离去。

管理人员的看法对吗？

大多数高管人员和现场管理人员确信，企业停止发放年度红利是合作者纷纷离去的主要原因。他们反复强调说，这件事是大批合作者离去的重要原因。新到任的首席执行官想要检验一下这种说法是否正确，以便了解合作者离开这家合作企业的真正原因，了解管理人员最终必须采取何种措施才能说服他们留下来。

在这家合作企业内部暗流汹涌的情况下，针对重要合作者开展情绪触点研究也就为制定扭转局面计划迈出了第一步。接受采访的一半合作者被认定为高风险合作者，因为据了解，他们正在同竞争对手的合作企业严肃协商加盟事宜。另一半合作者虽然感到难过，但是在当时还没有决定离去，许多人的态度仍然很不坚定。

同往常一样，真相比事实表现得更为复杂，谁也不愿意失去红利。不可否认，由于失去红利，一些心怀不满的合作者开始认真考虑加盟另一家合作企业。但是大多数合作者认为，停发年度红利表明还存在着更严重、更让人愤怒的问题。由停发红利而引起的喧嚣最终使问题达到了令人无法忍受的程度。

> "企业管理人员错误地认为这场危机完全由钱引起，但事实并非如此。"

情绪触点研究表明的确有更加严重的问题，远远超出了这家合作企业的底线。采访活动揭示出长期以来普遍存在，但尚未暴露出来的、针对企业管理层的敌对情绪。遭受巨额亏损的消息一宣布，这种敌对情绪最终便以大规模批评指责和离弃的形式表现出来。企业管理人员错误地认为这场危机完全由钱引起，但事实并非如此。对于合作者来说，这场危机同正直诚实与尊重他人的态度有关。正是这样的情绪触点，引发了从缅因州席卷到夏威夷州的愤怒风暴。

不可饶恕的罪过

每一位业主都痛心疾首地认识到他们的合作企业所面临的问题。但是对他们震动最大的是管理人员欺上瞒下的做法，而不是实际的困难情况。他们认为那是不可饶恕的罪过，毕竟合作企业是他们的。他们雇佣的管理团队怎敢大胆妄为，故意误导自己？

合作者不是难过，而是怒气冲天

如果不发生重大变化，在是否继续留在合作企业问题上态度不明朗的合作者就打算离去。当下必须以不同的方式经营业务，取得进展。这是管理层修复他们同合作者已受损关系的唯一希望。必须开诚布公地进行沟通交流，必须恪守承诺，抽出更多时间同全国各地的合作者进行接触。管理人员必须走出他们的"象牙塔"，亲自观察他们的决定所造成的各种后果。最重要的是，所有合作者均要求坦诚相对。他们对于装模作样绝不容忍，诚实最重要。如果企业管理人员以前有承认错误的表现，大多数合作者对财务危机的反应都会截然不同。

合作者认为管理人员态度傲慢，显得高人一等。这一点从他们隐瞒合作企业不断亏损的事情上明显地体现出来。合作者不仅有知情权，管理人员在道义上也有义务让他们知情。管理人员应该为合作者服务，而不是反其道而行之。他们拒绝承担责任的做法不可原谅。出现问题时，合作者难以找到任何人挺身而出帮助他们排忧解难。管理人员还一贯在操作问题、财务问题、新计划以及改进系统方面不履行承诺。

管理人员很少去走访合作者，这使后者感到大为不满。一旦露面，许多管理人员又面带自信地走进走出，仿佛总是有更重要的事情等待他们去做。企业集团和合作者之间出现了巨大的文化差异。合作者希望同和自己一样的人做生意。人际关系的重要性是一个很强的情绪触点。他们尊重真诚而务实的人，希望真正的生意伙伴能够尽心尽力帮助自己解决问题。相反，管理人员却袖手旁观，态度冷漠。主观期待与客观现实之间的巨大差异使得合作者无法信任管理人员，这就造成合作企业的困境日益严重。

一个使人不堪回首的重要问题是，管理人员没完没了地推出一些策划不周密的计划，执行起来又缺乏力度。这些计划使合作企业本身丧失了信誉和人心，收入也随之下降，因为凡是以前领教过的合作者对新措施一概避而远之。许诺的事情与兑现情况之间的差距让人难以接受。合作者变得厌倦了。他们抱怨说，管理人员不明白自己做出的决定对合作者个人，或整个合作企业产生了什么样的消极影响。

这些计划本身就是一个情绪触点，因为他们暴露出管理人员无视合作者的另一方面问题。屡次投诉被当成耳旁风，合作者只能生闷气。他们的看法被置之不理，更严重的是，很少有人主动征求他们的意见，似乎根本无人关心合作者在财务或者经营方面所遇到的种种限制。管理人员多次表现出麻木不仁的态度，他们忘记了对那些计划进行简化增效，更不用说削减其中的一些计划。

> 自己反映的问题意见被当成耳旁风的合作者，最有可能脱离合作企业。对他们提出的意见置之不理无疑冒犯了他们。

假如管理人员当初听取了合作者表述的意见，后来出现的大部分问题都能避免发生。而令合作者非常恼火的是，新措施从未经过实地检验。也没有人制定应变计划。公司各部门之间在确保顺利执行计划方面缺乏应有的协作配合。乱上添乱的是，计划本身耗资不少，但是考虑不周密的一些计划由于销售不旺而变得雪上加霜，导致经营亏损，最终使合作企业利润下降。

因自己反映的问题意见被当成耳旁风的合作者，最有可能脱离合作企业。对他们提出的意见置之不理无疑冒犯了他们。认为他们的反馈意见没有价值，断然将其排除在预先策划过程之外，这种做法有辱人格。合作者在讨论自己遇到的各种问题时毫不含糊地表达了自己的观点。他们谈到真切希望管理人员平等对待自己。他们的个人尊严完全同自己需要受到尊重的愿望紧密地联系在一起。

当解释变成了一种依赖借口

上述需要均为重要的情绪触点，可以最终决定合作企业的命运。管理人员做出了一种掩盖性的解释，以说明为何那么多合作者纷纷离去：因为本家合作企业无法再发放红利。这种解释变成了极为方便利用的依赖借口。实际上管理人员当时利用这一借口为自己开脱责任。合作者也许在年度分红问题上发泄过怒气，表达过失望，但是他们决定是否继续留在合作企业经常取决于各种经营和管理问题。

希望之光

合作者不再信任管理人员，但是却信任合作企业的其他加盟合作者。由于存在着这种信任，这家合作企业才看到了希望之光。同企业管理人员相比，合作者认为其他合作者更值得信任，所以常向他们征求意见和建议。许多合作者在各自的群体里发挥着领导作用，扮演着亲善大使和顾问的角色。他们有求必应，热心相助。

这些经营规模更大、也更成功的合作者在使合作企业出现转机方面有可能发挥决定性的作用。如果这些具有重要影响力的人物相信管理人员诚实、守信承诺，他们就可以产生很大影响。他们有一个极大优势：其他合作者认为他们把自己的最大利益时刻放在心上。如果他们提倡继续留在合作企业，他们所起的作用是管理人员无法企及的。如果处理得当，他们就代表着口头传递积极旨意的最佳机遇。但是如果这些起带头作用的人不相信管理人员有能力，或有诚意促成必要的变革，这家合作企业的命运就会从此休矣。

在采访过程出现了一些强烈的情绪触点。冲击力量越大，同钱的关系就越小。这些情绪触点具有很明显的个人色彩。

情绪触点	情绪触点揭示出的情况
需要	• 合作者需要得到尊重。 • 合作者不仅仅需要有人倾听意见，而且更希望别人听到自己实际上说了什么。 • 合作者需要得到重视。
强烈的感情	• 合作者看到管理人员缺乏坦率正直的态度后感到非常愤怒。 • 合作者蔑视管理人员的态度和优越感。 • 合作者对于管理人员无视他们在经营和财务方面遇到的种种限制这种做法感到不满。
感受	• 合作者感觉自己被出卖了。 • 自己的看法遭到了漠视，管理人员从未主动征求过自己的意见，这使合作者感到有损尊严。
价值观	• 合作者重视诚实品质。 • 合作者重视正直品质。 • 合作者重视真诚态度。 • 合作者重视直率的人。

文化改革

采访活动揭示出上述非常真实的情绪触点，所以要想解决问题就应该在企业文化、经营方式和战略规划方面掀起一场彻底变革。首先，振兴计划中的每一方面都必须体现出对合作者的尊重，真诚地体恤他们那种被出卖、被剥夺权利的感觉。再者，在整个策划过程中必须听取合作者的意见，管理人员必须对意见做出积极反应。

首先要做的是彻底改变现有的企业管理文化。为了求生存，就必须采用完全不同的经营之道。在采访期间表现出来的各种情绪触点成为制定行为守则的依据。这套行为守则包括在将来指导企业集团的一些工作原则：实质内容取代了夸张宣传，正直取代了欺骗，积极倾听取代了高人一等的交流态度，合作者关心的大事取代了管理人员自己的重要安排，多功能跨部门规划过程取代了从象牙塔里发号施令。

考虑到具有影响力的合作者在合作企业内部所拥有的重要地位，应该首先让他们心悦诚服。管理人员必须证明自己一心想把事情做对做好，也有能力把言论转变成行动。如果能够说服这些精英人物合作，企业就可以在他们的努力帮助下推进振业计划。在群体里，他们是潜在合作者行动的最佳仲裁者。让他们参与初期规划活动既可以使管理人员获得宝贵的反馈意见，又能够通过认可这些合作者的重要地位，使他们感到满意。他们一旦参与企业规划过程，就会对结果承担责任，更有可能鼎力相助。最后，他们提出的倡议会使合作企业推出很接地气的行动措施，因为传播真正变革信息的人物是这些企业合作者，而不是管理人员。合作者信任合作者。有影响力的合作者既是带头人又是顾问，具有更大的权威性。从这些优秀的合作者开始引发出积极的滚雪球效应。当他们决定继续留在合作企业时，其他人也会跟着这样做。

新的企业规划方法

鉴于管理人员和企业合作者之间的关系已经恶化，妥善处理企业文化问题理所当然地成为企业振兴的新起点。但是只靠文化上的变革尚不足以使企业摆脱危机模式。一亿多美元的亏损使企业遭到重创。此外，20%的合作者加盟其他企业又造成了更多损失。因此，彻底调整工作安排也有必要。要想重新盈利，就应该采用新的企业规划方法。管理人员也需要花费更多时间到现场第一线去工作，了解"真实世界"的情况。

管理人员根据安排可以同一位企业合作者一起工作几天。这样做有助于管理人员进一步了解合作者的企业状况，亲自观察由他们躲在"象牙塔"里做出的不当决定所造成的各种不良后果。新上任的首席执行官需要以身作则，起带头作用，他要把更多的时间用在同合作者交流沟通上，减少只限于总部工作人员参加的会议时间。这在合作者中反响热烈，形成了很好的口碑。

以往酝酿计划、制定计划和执行计划的所有方式必须抛弃。这些计划的失败集中体现了在情绪触点研究的采访过程中暴露出的许多情绪触点。合作者需要有人听取自己的意见，他们对于管理人员拒不考虑自己在经营和财务方面所遇到的种种限制感到怒不可遏。在企业规划过程中，管理人员从未把现实世界中的种种限制包括进去。更为严重的是，管理人员并没有承担损失，全都由合作者分摊了。每当无人征求他们的意见，或者有人以高人一等的态度对待他们时，合作者就感到失去了尊严。合作企业突然宣布巨额亏损的消息让他们十分恼怒，此后他们最看重的就是诚实诚信。

空谈没有价值，而计划却不是这样。管理人员以前许诺过多，兑现不足。合作者听到的是夸张宣传，大吹大擂，歪曲事实。他们想听到，而且自己感觉应该听到的是坦诚的对话。

管理人员立即取消原本要推出的大部分新计划，这一举动博得合作者们一致赞扬。紧接着，对制定未来计划涉及的整个程序进行了重大修改。所有新措施均采用多功能超部门规划方法。制定执行了固定程序，以听取来自所有重要合作方的意见和建议，为正在严肃考虑中的新构想把关。一些具有代表性的合作者发挥着"良知"代言人的作用。以前管理人员评判新计划的检验标准是能否促进企业利益。随着合作者参与审议每一项新提议，只有在每一方均可受益的情况下委员会才能同意批准新提议。

选出合作者小组成员至关重要。入选者均为很受其他合作者尊重、知名度颇高的人物。重视那些很有影响又起带头作用的合作者，对于合作企业的振兴计划的每一方面均具有重要意义。这样做既树立了人们对企业振兴的信心，又使其他合作者确信他们的意见正在得到倾听和关注，让合作者参与进来并不只是做个样子。

局面出现转机

合作企业在接下来的两年里组建了多功能、跨部门团队，专门处理影响企业内部各方面的问题。合作者注意到，企业文化变革以及重新调整规划过程的工作同时展开。新上任的首席执行官欣然接受在采访过程中发现的各种情绪触点，并称其为明察秋毫、很有影响的真知灼见，为成功扭转不利局面做出了重大贡献。毫无疑问，企业合作者对于失去年度红利感到不快，这是"事实"，但并不是合作者纷纷加盟竞争对手合作企业的深层原因。情绪触点研究揭示出这家陷入险境中的合作企业必须应对的真正的重要问题：传统思维与一心谋私的主张将使他们误入歧途。"准确无误"的信息和事实真相之间有着天壤之别。

回顾总结

当时的形势

在数年时间里,国内一家规模最大的合作企业通过一系列合并发展壮大了起来,但是却不断受到内部权力斗争的困扰。在这个艰难时期,董事会曲解了企业面临的形势。他们向企业合作者保证一切进展顺利,直到有一天突然宣布企业遭受巨额亏损。起初合作者感到震惊,继而感到愤怒。除了被误导以外,巨额亏损意味着这家合作企业不再发放年度红利。仅数年内,就有20%的合作者加盟竞争对手,还有数百合作者也准备离去。企业总部与现场管理人员确信,停止发放红利是合作者纷纷离去的主要原因。但是由贷款银行派来的新任首席执行官希望了解促使合作者离去的真正原因,了解管理人员应该采取什么措施才能使合作者继续留下来。为了回答这些问题,随后开展了情绪触点研究。

合作者的情绪触点

强烈的情绪反应以及根深蒂固的个人价值观念形成了极有潜在冲击力的一系列情绪触点。但是最重要的情绪触点同钱无关,却同人际关系相关。合作者感到被出卖了,他们认为管理人员不真诚,态度傲慢,因此感到非常气愤。作为业主,他们十分厌恶被排除在有些重要决策过程之外,因为这些重要决策对他们的生意产生了不良影响。

真实情况

停止发放年度红利已经成为管理人员为自己开脱责任的方便借口。其实停发红利只是表面现象，不是背后的真正原因。事实真相同人情关系更大。合作者感到被管理人员剥夺了权利，因为管理人员对于同他们的真正雇主搞好合作关系根本不感兴趣。

解决方案

企业文化必须改变，随后推行了新的管理人员行为守则。另外还实施多功能跨部门的规划方法，确使未来计划对管理人员与合作者都有利。每个项目团队均有一些具有代表性的合作者加盟。挑选他们的重要条件是很受其他合作者尊重，知名度高。这些合作者成为合作企业的"良知"代言人。新的企业文化同经营方面的变化一起在合作者中间重新树立起信心。结果离去的合作者人数大幅度减少，企业的局面开始出现好转。

第15章
澄清混杂信息：改善垄断行业中的客户关系

我们湮没在信息中，但却缺乏知识。

——约翰·奈斯比特

任何事情都不可能永远存在。今天垄断经营的公司也许有一天会面临着激烈竞争。因此，在为时未晚之前建立良好的客户关系具有重要意义。这里要讲述的是一家垄断公司的故事。这家公司当时需要商界与实业界处于领先地位的公司支持（关系到即将推出的立法与监管提议）。但是这家公司在同本行业客户建立起更加牢固的关系之前，需要澄清看似有些混杂的客户信息。情绪触点研究揭示出其中的重要细微差别，帮助这家公司了解各种重要的客户问题，并及时做出回应。

案例 12

> 即使在没有人要求你的情况下，也应表现得像个合作伙伴。

他们说了什么？

这家公司当时已成为外界发难的目标。面对来自各个方面的攻击，管理人员有些不知所措。原材料成本飞涨；发货系统不堪重负，陈旧过时；商业与实业界客户对于不断攀升的费用感到非常不满，开始寻找正在涌现的其他供应商；利润幅度（更不用说实际利润）正在减小；政府机构与立法机关也施加压力限制支出，同时要求大幅度提高服务质量，即使在最好的情况下，这也是一项艰难的任务。

更加严重的是，整个公司呈现着一种混乱景象。多年来，这家公司经常聘请业内"专家"评估商业客户中的满意程度，根据评估结果提出切实可行的各种措施。同我们担任公司管理人员时一样，这家公司高管人员的文件架上摆满了各种报告表格、图表、一览表、排名表、示意图和相关统计资料。各种信息分门别类，划分得很细，均配有相关数据，涉及几十个方面的内容。

信息内容全面，只是缺乏可靠或富有洞见的答案。为什么？因为分析这些数据就像细看茶叶一样。重要的"发现结果"相互矛盾，未能使管理人员进一步了解如何能够最有效地同客户建立联系。他们在迅速解决问题上表现出色，但在为客户着想、关心客户需要方面表现较差。他们因提供优质服务受到称赞，同时却因服务的可靠性下降而受到指责。有人对他们说，即使采取预防措施被视为一般性的工作，注意客户的安全问题仍然非常重要。也有人告诫他们，商业与实业界客户极力反对价格上涨。而这些相同的报告却又表示，客户认为这家公司让他们的钱没有白花。

所有这一切究竟意味着什么？无人知晓。管理人员确信，近期费用上涨是造成客户不满的主要原因，并感叹在这个受管束的行业里费用上涨是他们无力控制的一个问题。即便如此，他们还是认识到这家公司已经到了生死存亡的关键时刻。如果离开商业及实业界客户的支持，就无法努力争取在政府管理部门即将推出的各项提议方面的合作。但是在同上述客户建立起更加牢固的关系之前，他们需要澄清所有这些混杂的信息。于是他们求助于情绪触点研究来解决问题。

并不是钱惹的祸！

虽然管理人员正确地认识到商业和实业界客户都十分愤怒，但是以前的研究结果却过于简单并且曲解了费用上涨问题。上述研究结果将"合理收费"确定为重要因素；在这方面这家公用事业公司获得的估价比较差。但是没有一份报告深入阐发客户所说的合理收费的具体含义，或者他们的实际思路。相反，上述研究结果全部基于这样的假设：对收费上涨的评价只是单方面的。换句话说，任何收费上涨都是不可接受的。由于这家公用事业公司在涨价或降价方面自己没有独立决定权，所以公司管理人员只觉得无能为力，自己是无辜的。现在问题只有一个：上述假设建立在错误的理解之上，它未能揭示出商业与实业界客户表示不满背后的深层原因。

如果有机会，每个接受采访的管理人员自然都会选择低收费。然而收费本身并不是客户关心的主要问题，也不是引起强烈不满的原因。其实是这家公用事业公司采用的提高收费方法使得这个话题触犯了众怒。客户认为，随机确定消费高峰时段进行收费并不公平，这是对他们的剥削。这就是收费问题的中心情绪触点。

> "'糟糕透顶''骇人听闻''傲慢无礼''违背良心'这样的指责随处可闻。"

这家公用事业公司坚持说，客户并不了解实际情况，他们对于收费上涨问题几乎没有什么控制权。但事实并非如此。商业与实业界客户对情况的了解及其务实态度远远超出了管理人员的想象。大家都知道收费是受到管制的；他们承认公用事业公司必须采用"应对最坏情况"的方案来满足所有客户的需要。直到他们具体讲到收费上涨幅度是如何确定的时候，他们才明显表现得焦虑不安。许多人描述说，每年担负的上涨费用全都是由每次仅持续十五分钟的消费高峰这样的狭窄窗口引发的。"糟糕透顶""骇人听闻""傲慢无礼""违背良心"这样的指责随处可闻。接下来事情开始变得白热化。

与以前的研究结果明显不同的是，没有任何人对一般的费用上涨情况表现出强烈不满，但是对于计算费用上涨幅度的随意性却怨声载道。这家公用事业公司"出手狠"，是"态度顽固"的垄断公司。如果费用上涨的理由是"应对最坏情况"，那么当"最坏情况"没有出现时又当如何处理呢？当时并没有配套方案，可以在预期消费水平没有达到时返还一部分收取的费用。这种费用上涨方式引起了极大敌意，有可能破坏这家公用事业公司建立理解支持的商业与实业界客户联盟的希望。

既不公平，又非常复杂：铸就公司危局

不仅确定费用上涨幅度的方法成为伤心痛处，客户还怒斥定价系统非常复杂，仅次于航空业和电信业。无人知晓费用上涨幅度是如何估算出来的，但是大家一致坚信这样做不公平。这家公用事业公司的许多员工也无法解释费用上涨过程。上涨幅度是如何计算出来的，他们同样不清楚，说法自相矛盾。

这家公司无法说明自己的所作所为，无法给出一个自圆其说的明确解释，

这种行为使人感到心寒。已经感到失望的客户越来越持怀疑态度。虽然还没有另一家可以选择的公用事业公司，这些商业与实业界的客户已经到了忍无可忍的地步，发誓要寻找另一种供应渠道。

这家公用事业公司的费用上涨幅度完全以"不加区分"的消费高峰为依据，使各家客户空前团结一致。这是这家公用事业公司不想看到的。各家公司，无论大小，没有努力去建立良好的客户关系，反而开始积极地研究自己的多种选择方案。有些公司提到考虑出资购买专用设备，以此限制自己从上述公用事业公司购买的服务。还有些公司计划研究整个城市如何团结起来，接管这个垄断行业。第三类公司有意资助那些致力于开拓市场的企业家。

我们不是来了吗？

同样令人不安的是，有关是否反应积极与为客户着想的反馈意见相互矛盾。这家公用事业公司在对客户问题作出积极反应方面受到好评，但却因为不能处处为客户着想而受到广泛批评。他们真的是同时具备这两个特点吗？这家公司不知如何解读这些看似相互矛盾的混杂信息。

一次又一次的调查显示，每当同服务有关的问题出现时，客户对这家公用事业公司所做出的迅速反应均感到满意。公司管理人员为这一成绩感到自豪。接下来又很像往常那样，他们根据自己了解的情况形成了自己的假设，埋下隐患。在缺乏正确认识的情况下，他们认为反应积极就是为客户着想。他们交叉使用两套明显相似的检测标准。他们的营销策略将这家公用事业公司定位为客户至上的公司，就因为他们对客户遇到的问题反应迅速。虽然他们自己认为反应积极就是为客户着想，但是商业与实业界客户却不这样看，他们的观点与之截然不同。

商业与实业界客户在谈到这家公用事业公司"反应积极"这一点时,承认他们能够迅速解决突发问题。那又怎么样?这样做也是包含在"合同"里的。客户付了钱,公用事业公司履行义务向客户提供质量如一的专业服务。这样的服务安排能使客户感到满意,但是从未达到忠诚的程度。

建立牢固的客户关系则要求更多。要想真正做到客户至上,除了解决常见问题以外,他们必须能够解决具体公司的各种需要。突然之间,这些相互矛盾的含混信息变得清晰起来。这家公用事业公司在出现突发事件时因处理核心业务问题有方而受到表扬,但是他们又因为对每家客户所关心的各种问题漠然处之而受到批评。他们只是在出现问题时作出反应,但是没有积极主动提供服务,因此受到指责。

商业与实业界客户所在部门的高管人员感到愤怒。从技术层面讲,公用事业公司只是另一家供应商。上述管理人员不习惯供应商发号施令,对他们的需要漠然处之。这是一种主次颠倒的情形。更糟糕的是,他们没有任何可以立刻求助的帮手。这种一边倒的关系引起客户不满,不利于未来发展。这家公用事业公司在处理突发问题方面表现出色,但是这绝不应成为忽略日常问题的借口。每家客户都有自己的类似经历,但是结局圆满的却不多见。

同这家公用事业公司发生纠纷时会麻烦不断。在没有人帮助的情况下,许多客户陷入了官僚作风的繁文缛节当中。还有一些客户讲述了尝试升级有缺陷的设备,或者处理当地特有的突发故障的经过。这家公用事业公司的信条从未改变过,他们一直在"调查情况",但是却难下结论。商业与实业界客户表示,这家公用事业公司在经营中好像是一个业内巨头,难以接近。无论是否处于垄断地位,他们的职责仍然是提供服务,理应表现出亲切的姿态。

你们不赞同我们，就是反对我们

这家公用事业公司对客户公司的各种需要漠不关心，这一直是商业与实业界客户的一块心病。在这种情况下，最能触动情绪的话题就是技术。制造商一直采用日益先进、用电脑控制的设备给自己的工厂技术升级换代，提高产品质量，削减工资成本，遏制浪费，从改进措施中受益。但是设备越精密，维修时所允许的公差就越小。由于设备复杂程度的提高，从前属于允许范围的维修公差现在却可能会使设备受损，丢掉生意，给客户造成数十万美元的损失。客户公司的管理人员抱怨说，这家公用事业公司未能跟上技术进步的步伐，他们的设备不再与客户的设备一样先进。这是一个严重问题。客户抱怨说，在这个问题上他们得到的只是空洞许诺和老一套说辞。这也是个教科书般的经典案例，从中可以了解到在缺乏正确认识的情况下，这家公用事业公司如何完全错误地理解了商业与实业界客户对一家奉行客户至上原则的公司的期待。

本书中的案例研究表明，表面问题往往歪曲事实真相。在没有得益于深入分析理解的情况下，这家公用事业公司把费用上涨笼统地说成是客户不满的原因。另一方面，他们错误地自以为奉行客户至上原则并为之感到自豪，理由是他们对于紧急服务问题反应迅速。在上述两种情况下，他们均未能揭示出可以解释同商业与实业界客户关系为何紧张的重要情绪触点。

情绪触点	情绪触点揭示出的情况
感觉	• 他们觉得这家公用事业公司提高收费的方式是对自己的剥削。 • 他们觉得在请求这家公用事业公司帮助自己解决特有问题方面受到了冷遇。 • 权力一边倒，这让他们感到无可奈何，心怀不满。
经历	• 他们曾经失去过生意，损坏过设备，原因是上述公用事业公司未能跟上技术进步。 • 他们得到的只是空洞的许诺、老套的说辞，而非实际帮助或支持。
需要	• 他们需要同帮助解决问题的合作伙伴建立一种"相互忍让"的业务关系。 • 他们需要发出有意义的"声音"，让他们在一定程度上掌控自己的境况。

方法就是信息

情绪触点研究传递出的信息说明，"垄断公司"爱发号施令，而"合作伙伴"则具有团队意识。虽然在受管制的行业里这家公用事业公司并没有完全自主权，但是他们仍然拥有各种选择权。建立更有意义的客户关系的机会，完全取决于他们如何在立法与管理机构设定的框架内经营表现自己。在这种情况下，他们必须将自己定位为努力满足客户需要的供应商，而非"不容讨价还价"的垄断服务公司。

商业与实业界客户可以理解束缚这家公用事业公司的各种指令。这就是为什么虽然出现了许多结论相反的调查结果，这些客户仍然并不抵触上述费用上

涨的情况。但是他们希望费用上涨幅度建立在合理的标准上,而不是任意、不公平地涨价。具体解决方案分为三个步骤:

首先,这家公用事业公司必须反省自己完全根据短时的一次消费高峰来确定每年费用上涨幅度的做法。这需要将许多消费高峰时段的数据加在一起,取其平均值来确定每年的费用上涨幅度。如果实际消费量同预期估算量之间相差10%以上,则应取局部数值,由原来根据 12 个月滚动积累数值确定费用上涨幅度,改为根据更短时间段消费的情况确定上涨幅度。

其次,他们必须采用果断措施,向商业与实业界客户提供切实可行的具体建议,帮助客户大幅度减少高峰时段的使用消费量。

最后,他们还必须在整个公司范围内开展培训活动,使同客户打交道的每一位公司员工能够理解并向客户解释确定费用上涨幅度的理由和具体过程。另外,他们必须印制易于理解的收费解说材料,向商业与实业界客户阐明收费依据。

交流与合作

从情绪触点研究中,这家公用事业公司获得了非常关键、以前却不易把握的正确认知。他们需要这些真知灼见来区分理解商业与实业界客户眼中的"反应积极"如何不同于"客户至上"。最终他们明白只解决紧急服务问题还不够,因为那被视为他们分内的事情。要想极大地改进客户关系,还需要做完全不同的事情:经常同客户开展对话,了解他们遇到的各种难题,同他们经常进行合作解决那些难题。

最重要的是,要敏锐看出上述公用事业公司陈旧的系统同客户正在投资的重大技术进步之间存在的差距。虽然短期内不可能使整个系统更新换代,但是公用事业公司必须采取一些积极措施努力缩小差距,主动表现。他们一旦承认问题的严重程度，就可能开始着手加以解决。

第一步是在内部进行评估，根据因技术不匹配而遇到设备故障的制造商数量，确定重复维修次数最高的地区。这样做可以确定各地区需要使设备升级的客户。

他们还开发应用了报警系统。每当他们提前了解到可能出现设备故障时，这套报警系统可以给各家客户公司留出 60 分钟的警报时间。这家公用事业公司在资源允许的情况下注重对未来的投资。同时，在尽可能的情况下预先发出故障警报，明显地体现出他们以客户为上的经营态度。

最后，历经数年混杂信息和失败开端的困扰，这家公用事业公司终于看清了表面问题背后的故事。情绪触点研究为他们揭示了为改进同商业与实业界客户的关系所需要的真知灼见。

回顾总结

当时的形势

一家实质上在从事垄断经营的大型公用事业公司仍然在许多方面遇到难题。立法机关与管理机构均要求他们减少收费，而他们的商业与实业界客户正在研究寻找新的公用事业公司取而代之。利润幅度不断下降。在这样紧张的气氛中，这家公用事业公司认识到巩固与上述商业与实业界重点客户关系的重要性，因为他们需要这些客户支持即将推出的有关法规。但是在这家公用事业公司同客户建立起更加牢固的关系之前，他们需要认清看似混杂不清的客户信息。以前的调查结果表明，他们面临的最大问题是客户对最近设置的收费高峰表现出的愤怒情绪。不过同一次调查结果还包括了与服务、反应速度有关的相互矛盾的评价。这家公用事业公司认识到，有必要先了解客户意图，然后才能做出适宜的反应。因此，他们求助于情绪触点研究来寻找答案。

商业与实业界客户的情绪触点

使客户感到愤慨的是费用上涨的随意性，并非费用上涨本身。每年收费多少只根据狭窄的消费高峰时段，而不是正常消费情况来定。这样做让制造商感到愤愤不平，觉得自己受到了欺骗。同样使他们愤愤不平的是，这家公用事业公司对技术进步反应迟钝。每当这家公用事业公司的过时系统使自己的先进技术设备发生故障时，商业与实业界客户都无力保护自己的设备。

真实情况

大家都明白收费是受到管制的。真正引起广泛敌意的原因是根据狭窄的高峰消费时段确定年度涨费幅度的做法。另外，虽然这家公用事业公司在紧急服务反应方面赢得好评，但是客户并不认为那就是优质服务。遇到紧急情况做出积极反应能使客户感到满意，但是只有细心体察客户们的日常业务需要才能唤起他们的忠诚之心，建立巩固的客户关系。

解决方案

这家公用事业公司必须将自己定位为努力满足客户需要的供应商，而不是只提供"不得讨价还价"服务的垄断公司。这要求他们将自己的工作重点向重要客户的工作重点看齐，首先解决确定年度收费标准的"消费高峰时段窗口"问题。然后，根据因技术不匹配而遇到设备故障的制造商数量，在各个地区进行集中的系统升级更新。

Why Customers
Really Buy

第五部分
整合情绪逻辑

第 16 章
挑战遍布各个角落

听见与真正聆听之间的差别如同白天和黑夜一样，截然不同。在商业环境里，能否有效聆听客户、员工和同事的意见，其结果可能是成功与失败之别。

——肯·约翰逊

在整个职业生涯中，我们全都要接触担当各种角色的人物，包括客户、供应商、服务商、雇主、管理、战略合作伙伴，甚至还有分析师。但是无论我们希望影响的人担当什么角色，正如本书中的研究案例所证实的那样，他们都是有感情的人。

虽然我们到目前为止只关注了销售与营销问题，情绪触点研究却具有无限的应用前景。无论你效力的公司面临什么样的复杂问题，这种研究方法都会揭示出问题所唤起的情绪触点，为制定行动对策提供依据。每一家公司努力解决的问题各有不同，但是他们也都有着兴旺发达的共同需要。虽然具体情况可能有所不同，但是有效应对生意场上的紧迫挑战这种共同需要普遍取决于细致入微的真知灼见和正确的战略解决方案。

本章重点关注情绪触点研究使一些公司受益的实例。当时这些公司正在力图：

1. 恢复员工士气。

2. 改进同客户的交流沟通情况。

3. 加强同供应商的关系。

4. 理解市场分析师的期望。

1. 恢复员工士气：原本有前途的公司在合并时出了差错

公司开始合并时通常均抱有很大希望。遗憾的是，现实常常不遂人愿。当两家营业额为数十亿美元的公司将各自业务覆盖全球的分公司合并在一起时，就出现了上述情况。他们在组建这个新企业时花费了数百万美元。他们向客户承诺提高服务质量和办事效率，降低成本，加快周转时间。在做出上述承诺时，这家公司在背后却急于将两个非常不同的机构合并在一起。从世界各地调来员工加盟一个合并后的地区性企业。不可避免的混乱情况出现了，但是管理人员的关注重点仍然集中在外部市场上，他们认为解决内部问题不如满足客户需要重要。

结果，在没有采取措施确保兑现的情况下，便公开做出了许多承诺。不久后，这家公司接二连三地遇到不少问题：清单和后来的付款发错了客户；数千万美元陷入了官僚主义的僵局中；第一线员工没有体验到由经营规模带来的高效率，反而将一天的大部分时间用在纠正会计差额上。他们被自己无力解决的大量问题搞得焦头烂额。

士气大跌，人员流动率猛增。刚刚招来替代熟练员工的新员工陷入失望与效率低下的工作氛围中。卷入会计乱象中的数亿美元一直在继续增加。最终这家公司已无法抑制内部的混乱状况。当这种混乱状况开始影响到客户时，不满情绪剧增，威胁到长期建立起来的客户关系。面对着人才流失、客户不满、员工士气低落，公司管理人员开始求助于情绪触点研究，以期了解问题涉及的范围，了解他们必须采取什么措施来解决问题。

情绪触点研究表明，管理人员完全误解了普通员工的需要和感受。首席执行官利用一次同下属沟通的重要机会闪电般地宣布了公司合并的消息，并且详细阐述了员工们将会得到的种种相关益处。管理人员对于起初的反响感到满意，于是又把注意力转移到客户问题上，认为所有部门都会行动到位，万无一失。

> 管理人员并不知道一线工作人员觉得自己受到多大"坑害"。

但是这种情况并未出现，相反，员工的工作热情很快被不满的情绪所取代。管理人员并不知道一线工作人员觉得自己受到多大"坑害"。公司管理人员在开展过主要的沟通交流活动后，几乎没有去关注那些平稳过渡所需要了解的具体事物细节。在做出宏观决策时，他们没有争取具体执行这些决策的同事的意见。由于职务关系一直处于决策圈内的高管人员，却忘记了公司下级员工对很多事情并不了解。

一线员工在工作中从未获得所需要的条件，也缺乏满足客户所需要的信息。由于缺乏预先计划，他们失去信心，只好在合并后的企业里独自撑着局面。在支持系统没有充分实施到位就开展工作的巨大压力下，他们把巨额资金错误地用在了数千家客户身上。缺乏系统整合的确是一场噩梦。员工们根本无力应对摆在面前的艰巨任务。随着会计差错不断增加，他们的心理压力与日俱增。

员工们认识到，有些差错和失误是公司合并中不可避免的情况。这并不是他们失去信心的真正原因。真正原因是公司无视他们的需要和关心的事情，这也是那次公司合并的典型特点。在新公司"上市"之前，忘记考虑整合各种过程、程序和系统的需要，用他们的话说，这是不可原谅的错误。他们不仅没有重要的支持系统，而且由于别人的过错，再加上无力改变现状，他们成了客户发泄愤怒的首要对象。因此，许多员工纷纷离职，其他留下的员工也只是敷衍了事混日子。

情绪触点研究揭示出员工同公司离心离德的程度后，公司立即成立了一个工作小组以确定所有的系统与经营问题。这个工作小组同高管人员一起对研究结果进行了评估，重点制定剩余工作清单。另一个工作小组负责处理重点问题，每周汇报一次工作进度。按照要求，每个部门每周召开一次员工会议，使他们全部及时了解有关情况。会议记录提交给管理人员，这样他们可以着手处理关键问题，并向整个公司反馈工作情况。随后公司员工便会知道他们的意见已被接受，并能了解到正在如何处理各种问题。为了解重要的人力资源问题，公司从外面聘请了专业人员调和、解释各种益处，编写工作说明材料，开展培训工作。最后，为了表示感谢在公司里重新树立友爱精神，公司管理层举行了一场盛大宴会，帮助员工恢复士气。

情绪触点研究明确体现了一个重要的经验教训：如果员工不想让公司获得成功，公司便不会获得成功！让作为公司核心力量的员工背负着所有的失望情绪，却分享不到由合并带来的任何益处，这几乎葬送了公司的成功希望。

案例1　简要总结	
管理人员的看法	最初的沟通交流活动调动了员工积极性，保证公司以后的各种问题自然可以解决到位。
员工的情绪触点	他们一直受到"坑害"。他们留下来同那些愤怒的客户打交道，既没有所需的条件，也缺乏必要的信息。管理人员让一线员工背负着同合并有关的所有失望情绪，自己却独享其中的好处。

2. 加强与客户的沟通:"千年虫"恐慌

20世纪末,全世界陷入了"千年虫"(Y2K)大恐慌当中。人们相信,2000年到来之际的这个日历问题,会使电脑系统面临着技术灾难,有可能造成的财务和基础方面的损失,需要多年时间才能弥补。针对IT行业极端行为的模糊猜测,一夜之间变成了巨大担忧,甚至是恐慌。当数百万内置时钟未能顺利转到2000年时,全世界的技术基础设施是否会突然停止运转?飞机是否会从空中坠落?汽车发动机是否会停止转动?电梯卡在两个楼层之间?清醒的头脑最占上风,但是一个非常实际且顽固的大问题仍然存在着。数百万商用电脑系统无法应对"千年虫"问题。会计、人力资源、运营、计划安排以及通信方面的网络系统(这是全世界商界的命脉)有可能遭到损坏,影响巨大。

一家业务覆盖全球,有着极佳优质创新技术的电脑公司认为,他们已经取得了技术突破,能使客户掌握可靠工具及早彻底地解决任何问题。这家公司坚信自己拥有技术领先的产品,于是便在全球范围内开展公关宣传活动,努力扩大自己的优势。然而,尽管他们如此卖力,客户却提不起热情,甚至对他们解决"千年虫"问题的方案持怀疑态度。这家电脑公司对于客户缺乏热情的反应深感忧虑。看到客户满意度下降,生怕错失良机,他们希望制定一个沟通宣传计划,对客户、服务商和媒体讲解他们的解决方案优势。时间最重要。需要让外界切实了解相关具体情况,使客户消除恐惧;更重要的是树立公众的品牌信心,增加销售额。在寻找解决方案大方向的过程中,公司管理人员求助于情绪触点研究。他们采访了美国和英国各地的IT技术主管和"千年虫"问题协调合作人员。研究结果引人注目,也令人担忧。虽然这家电脑公司坚信自己的技术解决方案、核实过程和产品保障在满足客户需要方面业内领先,但是情绪触点研究却揭示出了截然不同的实际情况。

> "他们批评这家电脑公司只看到问题的一半，任由他们自己的设备应对其余挑战。"

与这家电脑公司"先入为主"的观点明显不同，客户感觉受到了自己无法控制的多种因素的影响。在"千年虫"问题顾问和媒体尖锐警告的强大影响下，客户感到恐慌、愤怒，丧失了信心。他们认为 IT 行业对他们担心的问题重视不够。他们批评这家电脑公司只看到问题的一半，任由他们自己的设备应对其余挑战。这不是普通的商业问题，这是他们遭遇的一场危机（在当时看起来是这样），2000 年时间匹配问题是一个影响到各家公司的时间门槛问题。

解决这场"危机"需要制定严格标准和匹配保证措施。他们还没有做到这个程度。相反，上述电脑公司推出了解决"千年虫"问题的产品和技术标准清单，对客户称可以解决他们遇到的问题。但是客户认为那些清单不可靠。许多产品没有包括进去。其他产品就算列在其中，以后也会不经事先通知就消失不见，或者经过修改。公司的 IT 部门主管们质问道，如果连基本的操作问题都能使他们停业，更换处于保修期的有缺陷产品又有何用？

客户希望同可靠技术伙伴展开合作，解决前所未有的潜在技术—基础设施问题。同这家电脑公司打交道，IT 部门主管们不但没有感到安慰，没有一种合作伙伴的感觉，反而感到焦虑、不满，甚至愤怒。结果，以前建立的品牌忠诚正在消失，因为 IT 部门主管们认为这家电脑公司拒不接受新信息，反应迟缓，对于他们最关心的切实问题了解不够。不满情绪日益增加，对于客户的购买决定产生了消极影响。更加不妙的是，万一自己使用的系统出现故障，客户还要毫不客气地考虑诉诸法律。这家电脑公司以前没有遇到这样的问题：他们的客户要求得到绝对可靠的保证。如果电脑内置时钟引起基础设施故障，客户会索取大笔惩罚性赔款。

情绪触点研究准确地揭示出上述电脑公司的沟通宣传方案遭遇怎样的失败，为制定整合措施新计划提供了依据。他们随后修改了公司宣传材料，重点强调所提供支持的全面性。这些宣传材料被应用在全世界努力向客户、经销商和新闻界介绍该公司的创新解决方案的活动中。同时这家电脑公司开始实施一项同客户建立合作伙伴关系的积极政策。他们对于最为迫切的"千年虫"法律与操作问题有了新的认识后，积极提供有关信息和方法，帮助客户解决他们最关心的问题。

传递主旨鲜明的信息，重新调整重点，同重要客户建立合作伙伴关系，采取避免将来承担法律责任的保护措施，促进该公司卓越的技术优势，为重点客户的问题确定解决方案，全面开展公关活动，所有这些措施使这家电脑公司在业内成为"千年虫"问题解决方案的领先公司。

他们在成功地重新赢得客户的信任忠诚之后，又极大地超额完成了自主解决方案的销售目标。

案例2　简要总结	
电脑公司的看法	他们在解决方案上取得了突破，可使客户掌握可靠工具及早彻底地解决任何潜在的"千年虫"问题。他们认为这些自主解决方案的沟通宣传活动会受到客户的热情支持。
客户的情绪触点	没有一家可靠的技术伙伴在"千年虫"问题的所有方面帮助他们。相反，这家电脑公司只提供部分维修服务，强行推行自己的解决方案，而不是努力去了解客户最担心的各种问题。

3. 加强同供应商的关系：解决供应链中断问题

　　一直在本行业里处于领先地位的一家国内重要零售商当时正在苦苦挣扎，力图遏制销售额下降的态势。他们在内部遭遇到挫折，而外部最强大竞争对手的业绩正迅速攀升。商店与仓库里堆满了过剩的库存商品。由于缺乏资金，他们采购新商品的能力也受到限制。管理人员急于增加销售额，不断给供应商施加压力，企图使他们尽量做出每一种让步。形势变得越发不稳定。

> "……管理人员却坚信他们占有优势。"

　　然而管理人员却坚信他们占有优势。经过多次业内合并后，许多供应商受制于为数更少、却更有实力的大型企业。新近合并的零售连锁店给供应商进一步施加压力，逼其降价，使原已脆弱的形势变得雪上加霜。随着上述重要零售商财富缩水，有些供应商已经停业，其他供应商被迫申请破产。

　　为了生存，许多供应商都需要这家零售商，不遗余力地给予支持，但是他们也有自己的限度。面临着不断下降的销售额、逾期付款、惩罚性收费和随意加费，有几家供应商最后实在受够了。为了追随一个实力不断萎缩的客户，他们比以往花费的资金更多，得到的却是对方提出的各种新要求，甚至遭到数额更大的经济处罚。绝望之中，许多供应商终止了同零售商的业务关系，停止供货。供应链中断的威胁突然间转变成一场全面危机。离开了源源不断的供货，这家重要零售商几乎连生存的机会都没有。原本就不平衡的关系最终超过了限度。财务问题上的不断妥协让步严重影响了多家供应商的企业利润。这家零售商在提出过分要求的同时，还许诺在不远的将来另有一些生意，但已无人再相信这些许诺。供应商们觉得受到了虐待。

因被指责不履行采购订单合同而交纳的惩罚性赔款是使制造商感到不满的最重要原因。在大多数情况下，这些罚款任意征收，有失公平，甚至是错误的，所以特别令人气恼。使供应商感到烦恼的是管理人员玩弄手腕，而且解决不了从根本上造成合同履行矛盾的系统问题。供应商抱怨说，在大多数交易前期和后期都出现过许多问题。

在交易前期，使供应商非常气恼的是零售商公司有缺陷的预报系统，因为它不断在制造和运输方面造成很多麻烦。在被称为采购预测的过程中，供应商要根据预测结果预留制造时间、锁定生产订单。但是管理人员却不会保证采购那些要求供应商生产、预留的大量产品，以致后来出现错误，却让供应商承担所有的费用。零售商犯下错误，却由供应商出钱埋单。

在交易后期，零售商的供货计划中明确规定何时发货，而且限定了每份订单所发货物的最低数量。如果没有满足条件要求，供应商则要受到处罚。制造商同意应该为自己的承诺负责，但是供货计划的执行方式却使他们感到愤愤不平，他们认为那是一种勒索敲诈。这个火药桶最后终于爆炸了。大多数问题都是由这家零售商经销系统的缺陷造成的。例如，如果采购的一批货物用多辆卡车运输，那么这批货物发货的百分比只根据第一辆卡车的实际载货量计算，结果供应商要缴纳一笔罚金。如果一批货物采用多种方式运输，只有其中一种方式被视为有效，因此供应商又要受到处罚。如果供应商的运货卡车按照指定时间到达目的地，但是零售商却未能卸货，也要向供应商收取一笔延误罚款。

即使供应商手里握有符合要求的证明文件，也要花费数月时间才能解决分歧。更为严重的是，在所罚款项仍存在争议的情况下，这家零售商一连数月受益于这些罚款。销售额正在下降的供应商不得不承担大量管理费用，最终只是记录下这家零售商所犯的错误。这些罚款收费被视为几乎不加掩饰的补贴,使零售商的管理人员免受自己所造成的问题的影响。供应商觉得自己的钱被骗走了。

在可以加强同供应商的合作关系、恢复供货之前,零售商一方的管理人员必须体现出其改变经营方式的诚意。当时的形势要求表现出全面示好姿态。只有立刻停止实行现有的供货合规管理条例,才能充分赢得友好信誉。所以零售商管理人员便采取了相应措施。他们承认当前的管理方法不公平,并表示解决当前问题,然后再进一步实施处罚。供应商欣喜若狂,他们从未想到零售商会这样迅速果断地采取行动。这一明显变化为开始建立互惠互利的合作关系奠定了基础。

情绪触点研究表明,供应商对于影响他们各自公司的决定感到无能为力,而且他们还觉得受到了零售商的不公正待遇。所有这些事实促使零售商制定了一系列扭转局面、重启供货链的新措施。制造商与这家零售商之间的各个系统和物流运营实现了统一匹配。部门对部门的规划会议加强了协调合作,提高了效率,减少了违规操作。为了处理共同关心的问题,还成立了供应商顾问小组。这些努力获得了回报。零售商因承认错误,倾听供应商的意见而受到赞扬。在一年之内,零售商一方的管理人员重新赢得了供应商的信任,因为后者受到了尊重,受到了诚恳对待,对此表示赞赏。虽然供应商意识到这家零售商仍然要全力应对许多挑战,但毕竟实现了真正突破,他们不再有疏远的感觉。以前被剥夺过权利的供应商确信,惩罚措施已成过去,于是又恢复了正常运输供货。

案例3　简要总结	
零售商的看法	他们占有优势，供应商丢不起生意。
供应商的情绪触点	零售商一方的管理人员使他们忍无可忍。商议无情的让步是一回事，征收罚款已经越过了底线。他们感到受骗上当，被人剥削了。

4．理解分析师的预期行情：一家兴旺发展的公司股票却不景气

　　凡是要想筹集资金或者出售公司的机构都特别需要显示一下其股票升值的情况。在这种形势下，那些同看上去不符合市场基本规律的低迷股票估值作斗争的许多管理人员，一直在努力克服很有影响的市场分析师所做出的预测行情阻力。有时，不愿意推荐股票的分析师讲出的理由头头是道。还有的时候，他们的理由却是一个谜。当这些理由只以直觉为依据的时候，他们表现得就不那么直截了当，也不愿意直接面对公司管理人员。有一家创业公司在短时间内一跃成为安全软件主要供应商，长达十年之久。他们就遇到过上述情况。

　　这家公司是国际上公认的业内顶尖公司，销售额正在迅猛增长。他们的获奖软件行销全世界。他们推出的新产品始终受到欢迎，客户群体不断扩大。尽管成就斐然，但是其股票价格却一直未变。于是管理人员求助于情绪触点研究，希望找出市场分析师为何拒绝推荐股民购买他们的股票。

　　市场分析师坦然承认，市场上需要这家公司的优质产品。但是他们对于公司最高管理层却持有令人不快的保留态度，很不愿意面对面把自己的个人意见直接讲出来。同许多从远见卓识中诞生出来的创业公司一样，同样的远见卓识仍然在影响着整个公司的经营活动。让分析师感到担忧的是，这家公司缺乏经商经验、管理知识，以及经世务实态度。他们认为，这家公司的员工和领导虽

然都是很有热情的技术精英，但是这些人不够成熟，缺乏历练，这有可能威胁到公司的长远发展。在分析师看来，形势非常危险。数年前网络经济泡沫破灭后，数百名分析师失了业。所以，他们比以往更加谨慎，不愿意陷入孤立无援的境地。

> "由于偶然的原因，这家公司无意之中开创了并不能可持续发展的第二种定制商业模式。"

这家公司把客户服务方面的声誉视为一把双刃剑。分析师担心，那些为了满足特定市场需要而开发的产品管理不善。他们举出了许多实例。有的客户打来电话说喜欢某种产品，进一步询问能否按他们的特定要求改进产品。然后这家公司的技术人员总是有求必应。他们平时常常做出这样的答复："没问题，可以帮你们改进。"接着他们只为那家客户改进产品。产品的改进之处并不写进产品总体说明当中，市场上甚至也不知道曾经改进过产品。结果，这家公司亏大了。由于没有充分利用产品的改进之处，致使公司未能获得本可由这些改进之处带来的收益。更加糟糕的是，这家公司最后推出了一些对不同客户具有不同价值的产品。由于偶然的原因，这家公司无意之中开创了并不能可持续发展的第二种定制商业模式。尽管销售额增长幅度很大，然而由于他们缺乏专业化的领导团队，经营效率不高，所以市场分析师不愿意向股民推荐这家公司。但是，分析师没有直接面对这家公司的管理人员提出问题，而是绕过敏感的人事问题，采用了一种比较消极的方式。他们只是拒绝向股民推荐这家公司的股票。

阻止分析师支持这家公司股票的情绪触点被揭示出来以后，公司管理人员认识到他们的经营方式一直对自己不利。由于一心要使公司通过增加销售来盈利，他们采取了果断措施，聘用了一位具有实际资质的首席执行官管理公司。经营效率实施到位，确使产品改进得到妥善管理。技术创新仍然是他们的突出特点，另外还采取措施创造增加收入的机会。市场分析师渐渐地注意到了这些变化。经由他们推荐，这家公司的股票价格开始上涨。数年内，股票价格上涨到与这家公司的销售额增长幅度相称的程度。五年内，这家公司以数亿美元转手卖掉。

案例4 简要总结	
管理人员的看法	这家公司开发的安全软件很受欢迎，销量在迅猛增长。因此，市场分析师没有理由不把他们的股票评定为应该买进的股票。
市场分析师的情绪触点	管理这家公司的人是一些科技奇才，但是他们既不成熟，也没经过历练。他们缺乏实际经验和管理知识，这不利于公司的长期发展。分析师不愿意对管理人员个人提出批评意见，坦率交流会使他们感到局促不安。

情绪触点研究：应用前景无限

本书前言一开始就断言，客户是根据情绪行事的。包括本章案例研究在内的全书内容自始至终反复阐明了这一观点的正确性。在几乎所有的商业境况中，行为背后的驱动因素都是情绪，而非逻辑。无论同你打交道的人是客户、员工、会员、捐款者、战略合作伙伴、供应商、投资者、董事会成员，还是分析师，应该记住这一点：他们都是人。无论现在、过去还是将来，人都总是有情绪的。了解了他们发自肺腑的行为动机，就能为解决复杂问题、为将来的成功制定正确计划找到所需要的关键依据。除了我们已经讲述过的实例外，情绪触点研究还能有效地增加会员、成员数量，制定六西格玛管理①措施，实施流程重构，整顿内部组织。情绪触点研究具有无限的应用前景，因为无论你面临什么挑战，制定正确的解决方案总离不开你同目标对象建立情绪联系的能力。

---

① 六西格玛管理——六西格玛（6 sigma）管理法是一种质量尺度和追求的目标，是一套缺陷为零的科学工具和管理方法，把客户放在第一位。——译者注

第17章
未来的发展

我们不能用造成问题时的同样思维方式去解决问题。

——阿尔伯特·爱因斯坦

传统研究方法的种种局限会削弱一个公司在比较单纯的时代游刃于商界竞争中的能力。在21世纪剧烈变化的环境中，这样的研究局限性可能造成严重灾难。商界历来复杂，要求倾听客户心声，推测他们的需要，了解竞争对手，在做出战略决策的过程中考虑以上所有因素。但是如今各家公司面对着全新的世界秩序。全球发展势态正在迅速改变各家公司在未来岁月里必须遵循的经营方式。

世界既变大了，又变小了。如今已不存明确的经商界限。所有的公司不再受限于某些建筑物，或者可由中心销售团队提供服务的一些区域。全面的技术进步几乎已经开创出没有边界的市场。与此同时，世界又变小了。世界某一地区的客户可在瞬间同处于地球另一半地区的客户分享个人经验。这些交流互动的速度和规模能够重新引导整个市场。风险也从未像今天这样高。客户群体日益多样化，要求也越来越高（他们已经明显处于发号施令的重要地位）。了解他们的行为动机从未像今天这样具有如此重要意义，挑战也随之增加。

所有这一切都意味着什么？在这种新的市场模式下，情绪触点研究可以发挥什么作用呢？科学日益向我们表明，情绪，而非理性思维，是客户行为的关键要素。我们知道，客户最强烈、最直接的行为动机就是对他们自己常常意识不到的冲动和感觉所做出的反应。对于他们的行为做出的符合逻辑或者政治上正确的解释毕竟都是马后炮。收集信息的传统方法，以数据为基础的市场研究均无法使人细致入微地洞察客户行为，因为他们获得的是答案，而非洞见。

宣布新的世界秩序

在获得上述洞见体现出前所未有重要意义的今天，要想有效地运用情绪触点研究方法，就必须优先考虑一个关键因素：这就是 21 世纪的商家必须驾驭经商环境，这一环境与从前截然不同，新得令人震惊，史上独一无二。经营一个成功的公司历来需要反应机敏，积极合作参与协调分析活动，善于适应环境，及时了解客户需要。如今又增加了一项前所未有的内容：处理发生速度越来越快的干扰性变化的能力。

这种变化的深度和广度所产生的影响目前无法充分预测，但是我们可以明确地说，它会促使各类公司尽快地适应经营活动所处的社会、经济和技术环境发生的变化。只有具备快速反应能力的各类公司才能在未来岁月里兴旺发达。这样的各类公司知道谁是自己的客户，他们需要什么，如何联系到他们；最重要的是，如何同他们建立个人联系。从根本上来说，这种几乎凭直觉直接同客户建立联系的具体能力是情绪触点研究重视挖掘的内在能力，也是情绪触点研究变得日益重要的核心要素。

前所未有的经商环境

我们必须首先深入了解一下这个经商新环境，以便更好地理解它的具体含义。对全球各类公司产生影响的巨大变化，包括关键数据总量变化、人口变化、政治动荡、人口流动、不断变化的工作态度、文化变革、经济重构、离岸服务外包，以及新技术的蓬勃发展，均以惊人速度向前推进着。对于跨国公司而言，这些变化同其他许多因素一道变得更加复杂了。对于小型公司来说，这些挑战会成为迫在眉睫的威胁。

经商环境的巨大变化这个概念也许看上去太抽象，没有实用价值，但是这些变化不仅仅是理论概念。这些变化每天都在影响着我们每一个人。各类公司会日益发现他们的营销客户就出生在新世界秩序的政治、技术与经济环境中。这些客户将来在生活中一直离不开电脑、手机、无纸媒体、全球化进程、多样化趋势，以及无重点的安全威胁。我们可以不停地列出许多比较结果和统计数据（几乎还未发表就过时了），以证明客户经历和心态上的种种变化速度越来越快。

为全球供应链供货的新工业部门在产生后有时又突然消失，令人难以预料。各类公司无论大小，都有可能发现自己上了头版新闻，原因是另一片大陆上的一家匿名供应商生产出了有缺陷的产品，或者因为在自家后方客户服务态度粗鲁。从不休眠的社交网络不断发展，广纳博采，将数亿客户连成一个虚拟网络整体。

各类公司发现世界市场的所谓"公平环境"并不公平。事实上有时新机遇高峰会不断出现在周围的经商环境中。火爆的新市场以前所未有的速度让位于更新更火爆的市场。各类公司会不断地面临挑战，努力去寻找下一个高峰，并赶在竞争对手前面成功登顶。

> "他们把这一挑战概括为有效利用营销手段同客户进行往来沟通的能力。"

在这种普遍存在的变化当中，各类公司如何才能找到自己的最佳客户？如何确定并满足这些客户的需要？如何成功地把自己的商品和服务推向市场？在我们同世界各地高管人员的讨论中，他们突出地将一个重要因素视为决定未来成功的关键因素。具体来说，他们把这一挑战概括为有效利用营销手段同客户进行往来沟通的能力。

各类公司在发展过程中必须超越只是向客户销售商品的概念，应该千方百计地同客户建立真正的联系，充分了解客户的需要和动机，与此同时，开启双方交流沟通的渠道。

重新确定价值：旧瓶装新酒

在最高层面上，改变商业模式的挑战很大程度上由以下事实引起，即商品、服务以及信息可以迅速廉价地生产、经销、接受或拒绝。快速发展的交流平台、制造方法、全球劳动力转移形式和自由市场促成了上述事实。

各类公司所提供的一切几乎都是这一自由流动全球网络的一部分。新的世界经济的一个主要特点是，制造与传播的费用几乎为零，或实际为零。例如，药品和化妆品的原料成本很低；音乐与视频光盘用不了一美元就可以制造出来；花费数千美元撰写的市场分析报告与新闻报道可以无限期地向外传播。实际成本与内在价值之间的关系越来越小。

那么客户为何还要花钱购买一些商品或服务呢？客户在购买市场报告时，不是购买印着报告内容的纸张，而是购买报告作者拥有的专业知识。他们是在购买一种保证，即保证他们在按照报告行事之前报告内容尽量可靠。药品中所含的化学物质只占药品价格的一小部分，但是为什么客户还要购买一次剂量可达数千美元的特定药品呢？购买决定建立在信任的基础上——信任医生、药剂师、研究人员和药品生产商，他们在消费者使用之前证实了药品的有效性和安全性。客户为什么要掏钱购买可以免费下载复制的音乐光盘和影碟呢？他们购买的是一种不一般的体验，一种个人满足感，因为他们得到了享受，知道自己购买的音乐光盘和影碟内容完整、质量上乘，是自己崇拜的明星人物的真正作品。他们在购买最优惠机票时，依靠那些家喻户晓、信誉良好的售票方。为什么呢？因为他们需要确信自己购买的机票价有所值。他们在接受一种重要服务之前需要得到一种可靠保证。

保证成功需要哪些条件？

当我们采取客观的态度，即客户的态度看问题时，上述实例以及我们能够提到的其他许多实例中的共同特点便显现出来。在价格下跌、商品化、产品造假，以及免费信息的纷繁情境中，你效力的公司能为客户提供什么样不易被模仿、抄袭或伪造的产品呢？如果你问对了问题，客户会告诉你答案。所以不妨以恰当的方式向他们提问。一切形式的价值均有一个共同秘密，必须对这些价值进行揭秘，不仅仅实时实地揭秘，更重要的是在事实形成之前就去揭秘。各类公司需要非常准确地寻找机会，使自己以独特的方式真情推出的产品能够满足客户需要，消除客户烦恼，解决客户需求。揭示出这些实情内幕就是情绪触点研究的固有价值。

我们的案例研究表明，我们的客户经常认为自己在提供有价值的东西，无法理解他们自己的客户为何无动于衷。他们没有认识到自己的烦恼和假设（常被当成福音）可能使他们误解了客户的各种实际需要。他们没有及时看出席卷各个行业和市场的革命性变化浪潮需要人们培养新的理解能力和技能。他们以往用来应对商业挑战的"有效方法"已经过时。

客户的影响力

当我们同客户开展合作，帮助他们制定或彻底修改销售与营销计划时，我们发现他们日益受到上述巨大变化的困扰。大多数都是发展成熟的各类公司，管理人员见多识广，具有进步革新意识。但是各类公司面对的发展趋势在规模的复杂程度和速度上可谓前所未有。在新世纪我们需要有新眼光、新思维、对机遇的新认识，这样才不会在竞争中被淘汰。要想获得成功，就要以新的方式大胆想象，努力创新。

21 世纪的一个突出特点是，与任何一个世纪相比，客户所起的作用截然不同，影响也更大。他们受过更好的教育，更有眼光，见多识广；他们非常熟悉产品、价格、服务、具有竞争力的对手商家，以及质量和购买决定等大多数其他方面的事情。概括来说，由于客户所起的制约作用越来越大，各类公司必须准备好不断预测跟踪他们的期望要求。由于信息随处可得，客户之间可以共同分享交流担忧、需求、看法和做法，管理人员对此鞭长莫及，毫无约束力。在这种经济环境下，公开积极的反应是唯一的选择。

我们向自己的客户（希望也已向各位读者）阐明的是，深入了解情绪触点研究可使自己供职的公司掌握一种全新方法，有效发现客户购买产品和服务的背后动机。在不断变化的经商环境中，密切了解客户的真实动机所具有的价值无论怎样高估都不过分。

洞察情绪的真知灼见：新潮流行范式

在 20 世纪曾经苦苦挣扎以适应当时经商环境的公司，有可能发现 21 世纪更加难熬。他们继续依靠的统计定量数据也许反映了一些事实，但是有可能会给出一些不甚清晰、具有误导作用而且并不完整的答案。他们往往依靠有缺陷，一般来说受到怀疑的定性研究方法，比如焦点小组调查法，或者经过周密安排的深度采访活动。无论采用哪一种方法，他们都主要是堆积信息，而不是努力挖掘有价值的洞察情绪的真知灼见。没错，可以对信息进行数字化处理，把信息存储在数据库里；也可以对信息进行无限的切分变化处理。但是，信息不同于真知灼见，也永远不会成为真知灼见。除去技术不谈，揭示出真情实感属于人文研究范畴。仅凭信息无法展示出客户的个人全貌。客户本人也希望别人可以全面了解自己，并得到相应的对待。无论定量研究，还是经过周密安排的调查活动，均无法获得这样的观察结果。

  承认这一点还不够。许多公司仍然无法了解非常重要的客户真实情况。其中的原因可以有几种解释。他们很有可能在开始研究时就有了一套以公司内部假设为依据的看法，基本上是各种预测。随后开展的测试与评估起始于营销过程的中段，而不是开始阶段。研究人员几乎是有意通过确定最初假设是否同客户产生共鸣来强化原有的看法。采用这样的传统方法要问的问题是："我们怎样才能销售更多的产品与服务？"但是这个问题问得不好。首要问题应该是："我的客户需要什么样的产品与服务？"

  21世纪是客户的时代。不妨重温一下我们在本书一开始就说过的话——公司企业必须比以往任何时候都要接受以下事实：客户的行为动机大多不符合逻辑，不可预测，甚至是无意识的。相反，他们作出的最强烈反应只有一个根源，这就是情绪。这样一个看似简单的实际情况，让成功的公司和企业必须努力理解客户及其购买动机的方式。事实与统计数据是片面的。揭示情绪触点的真知灼见却是入木三分，明察秋毫，可以展现各种机遇，使人们能够获得当初没有立刻显现出来的战略性解决方案。

  我们把运用情绪触点研究方法获得市场成功的公司企业经验教训汇聚在一起时，可以清楚地看到，这种解决问题的创造性方法曾经帮助他们理解使客户作出购买决定的各种情绪因素，并根据这些因素采取了有效措施。我们还看到，经常揭示出客户无意识行为动机的研究分析方法可以成为一种工具，就像我们所处的经商环境那样很有影响，帮助公司改变着经营方式。情绪触点研究通过人们言语表达的表面，深入探究他们的真情实感，清晰地展现着如何超越明显的表象，有效利用预想不到的发现结果。这样的真知灼见使全国各地乃至世界各地的公司企业更够以更加亲密、更加有力度最终也更加成功的方式，在21世纪动荡的市场中对客户的情绪触点作出积极反应。这是传统的营销方法无法企及的。